Following God's Plan For Your Life

Kenneth E. Hagin

당신을 향한 하나님의 계획

케네스 해긴 지음 | 김진호 옮김

믿음의말씀사

Following God's Plan For Your Life
by Kenneth E. Hagin

ⓒ 1993 RHEMA Bible Church
AKA Kenneth Hagin Ministries, Inc.
P. O. Box 50126 Tulsa, OK 74150-0126 U.S.A.
All Rights Reserved.

2004 / Korean by Word of Faith Company, Korea.
Translated and published by permission
Printed in Korea.

당신을 향한 하나님의 계획

1판 1쇄 발행일 · 2004년 4월 17일
1판 7쇄 발행일 · 2025년 5월 19일

지은이 케네스 해긴
옮긴이 김진호
발행인 최순애
발행처 믿음의말씀사
2000. 8. 14 등록 제 68호
우) 18365 경기도 화성시 만년로 915번길 27 B동
Tel. 031) 8005-5483 Fax. 031) 8005-5485
http://faithbook.kr

ISBN 89-90836-11-5 03230
값 16,000원

본 저작물의 한국어판 저작권은 케네스 해긴 목사님을 통해 FAITH LIBRARY와의
독점 협약으로 믿음의말씀사가 소유합니다. 저작권법에 의해 한국 내에서 보호를 받는
저작물이므로 무단 전재와 복제를 금합니다.

| 목차 |

서문 _ 6

역자 서문 _ 8

01　달리기 경주 _ 13

02　성령 충만한 삶을 유지하기 _ 43

03　하나님의 계획에 헌신함 _ 77

04　성령으로 인도받는 것을 배우기 _ 101

05　성령님이 인도하는 다른 길들 _ 149

06　하나님께 순종하는 것은 돈이 드는 것이 아니라 돈을 버는 일입니다 _ 195

07　사랑의 길이 가장 좋은 길입니다 _ 233

| 서문 |

우리는 지금 놀러 다니듯 교회를 다니거나 마귀와 장난이나 하면서 보낼 시간이 없습니다. 우리는 마지막 때를 맞이했습니다. 모든 것의 종말이 임박했습니다. 결정적인 해가 우리 앞에 놓여 있습니다. 왜냐하면 우리가 해야만 하는 위대한 일이 있고 영혼의 대 추수를 거두어야 할 일이 남아 있기 때문입니다.

우리를 묶어두고 있는 것으로부터 자유케 되는 것이 이렇게 중요한 적은 과거에는 없었습니다. 각자가 자신의 삶을 위한 하나님의 계획을 따르기 위해 성령님께 민감하게 되는 것이 이렇게 중요한 적이 없었습니다. 형제들이여, 몸을 추스릴 때가 되었습니다. 하나님을 섬기고 하나님이 바라시는 그런 사람이 되는 것을 심각하게 생각할 때가 되었습니다.

당신이 하나님께 순종하여 걸음을 옮긴다면 당신이 성령 안에서 동행하는 것을 방해했던 과거의 실패나 결점들은 주님께서 당신을 위해 계획해 놓으신 것이 이루어지는 것을 방해할 수 없을 것입니다.

순종하며 준비하면서 당신이 해야 할 것을 한다면 모든 인간의 육신적인 계획들과 지옥의 모든 귀신들도 하나님의 계획의 성취를 막지 못할 것입니다. 하나님께서 당신의 삶을 위해 선포하신 것을 그 무엇도 뒤집거나 비뚤어지게 할 수 없을 것입니다.

케네스 해긴

| 역자 서문 |

릭 워렌 목사는 「목적이 이끄는 삶The Purpose Driven Life」을 통해 교회 중심으로 예배, 교제, 제자, 섬김, 전도 중심의 삶이 바로 하나님께서 우리를 지으신 목적이라는 것을 수많은 성경 구절을 통해 역설하였고 아직도 미국에서는 스테디셀러로 계속 팔리고 있습니다. 한국에서도 책과 프로그램이 번역되고 도입되어 지난 일년 동안 많은 교회에서 읽혔습니다.

그런데 이런 책을 읽으며 은혜를 받지만 한 가지 미흡한 것은 그러면 나는 오늘 여기서 어떻게 그 목적들을 위해 살 수 있는지 구체적인 적용과 인도를 받는 것은 개인의 숙제로 그냥 남아 있다는 것입니다. 2003년 10월 이 시대에 '믿음의 말씀'을 사실상 처음으로 가르쳤던 믿음의 스승 케네스 해긴 목사님은 그 사명을 마치고 하늘나라로 가셨습니다. 16살에 믿음으로 죽을 병에서 살아나서 그때부터 복음 사역자로서 한 사람이 자신을 위한 하나님의 완전한 계획을 발견하고 따라 가는 삶이 얼마나 복되고 풍성한 열매를 거두게 되는지 그의 생애가 그것을 증거하였습니다.

자신의 삶으로 실천하여 그 결과를 체험한 믿음의 스승이 어떻게 '나를 향한 하나님의 뜻을 따라 살 수 있는가?', 그 구체적인 원리를 자신의 간증과 함께 설명하고 있는 이 책은 한 번 뿐인 인생을 주님이 계획해 놓으신 그 계획을 따라 삶으로써 주님 앞에 서는 날 '잘 하였도다, 착하고 충성된 종아'라고 칭찬받기를 사모하는 모든 사람들에게 좋은 안내서가 될 것입니다.

이 책이 그 기본 원리를 잘 설명한 책이라면 이번에 제가 번역하여 '믿음의 말씀사'에서 동시에 펴내는 데이브 로버슨Dave Roberson 목사님이 쓴 「성령의 삶 능력의 삶The Walk of The Spirit, The Work of Power」은 바로 실제로 기도하면서 성령의 음성을 듣고 순종하여 주님을 닮아가는 순례자의 영적인 로드맵과 같은 깊은 계시를 밝혀주고 있습니다. 이 두 책이 성경이 말하고 있는 원리를 따라 자신을 향한 하나님의 완전한 계획을 발견하고 따르는 데 큰 도움이 되기를 기도합니다.

2004년 4월 11일 부활주일

김진호 목사
새로운 피조물 미니스트리 대표
예수선교사관학교장

"나 여호와가 말하노라

너희를 향한 나의 생각은 내가 아나니

재앙이 아니라 곧 평안이요

너희 장래에 소망을 주려하는 생각이라

너희는 내게 부르짖으며

와서 내게 기도하면

내가 너희를 들을 것이요

너희가 전심으로 나를 찾고 찾으면

나를 만나리라"(렘 29:11-13)

"For I know the plans I have for you,"

declares the LORD,

"plans to prosper you

and not to harm you,

plans to give you hope and a future.

Then you will call upon me

and come and pray to me,

and I will listen to you.

You will seek me and find me

when you seek me with all your heart."

내게 보이지 않는 것을
내게 보여 주소서.

내가 알지 못하는 것을
내게 가르쳐 주소서.

당신이 나를 위해
예비해 놓으신 것을 위해
나를 준비시켜 주소서.

O Lord, that which I see not,
show Thou me.

That which I know not,
teach Thou me.

And that which Thou has
prepared for me,
prepared Thou me.

01
달리기 경주

그러므로 이처럼 많은 구름 같은 증인들이 또한 우리를 둘러싸고 있으니, 우리 또한 모든 무거운 것과 쉽게 에워싸는 죄를 벗어 버리고, 인내로 우리 앞에 놓인 경주를 하자.   히 12:1

당신은 하나님께서 당신 앞에 놓아둔 특별한 경주를 해야 합니다. 이 경주는 하나님께서 당신이 이루도록 계획해 놓으신 하나님의 계획과 관계있는 영적인 경주입니다. 성경은 당신이 경주를 해야 할 뿐만 아니라 당신의 경주 혹은 코스를 끝까지 달려야 한다고 말하고 있습니다(딤후 4:7). 다른 말로 하면 당신은 당신 자신의 삶에 대한 하나님의 계획과 목적을 성취해야 한다는 것입니다. 당신은 다른 사람의 경주를 달리거나 다른 코스를 마쳐서는 안 되게 되어있습니다. 왜냐하면 하나님은 우리들 각 사람에게 각각 다른 코스를 준비해 놓으셨기 때문입니다.

왜 당신의 삶을 향한 하나님의 계획을 따라가는 것이 그렇게 중요할까요? 어떻게 우리는 우리의 경주를 성공적으로 달려 우리의 코스를 마칠 수 있을까요? 성경은 우리에게 이 질문에 대한 해답을 주고 있습니다.

구름 같은 많은 증인들

먼저 히브리서 12:1에서 중요한 것을 발견하십시오. 이 구절은 아무도 관찰하지 않는 가운데 우리가 달리고 있는 것이 아니라고 말하고 있습니다. 우리가 이 영적인 경주를 달리는 동안 성경은 '구름 같은 많은 증인들'에 의해 '둘러싸여' 있다고 말하고 있습니다. 이 많은 증인들에 누가 포함되어 있습니까? 히브리서 11장이 우리에게 말해주고 있습니다. 히브리서를 기록한 사람은(나는 바울이라고 믿고 있습니다) 히브리인들에게 보내는 이 편지를 장과 절로 나누어서 쓰지 않았다는 것을 기억하십시오. 그러므로 우리는 12장을 읽을 때 바울이 여전히 그가 11장에서 말하고 있던 '믿음의 영웅들의 전시장'에 관하여 말하고 있음을 알 필요가 있습니다.

이 믿음의 영웅들을 열거하면서 바울은 아벨에서 시작해서 에녹, 아브라함, 사라, 이삭, 야곱, 요셉, 모세 같은 사람들에 관해 말하고 있습니다. 이 장 마지막 부분에 가서 바울은 이 모든 믿음의 영웅들을 언급하면서 "이 사람들은 모두 믿음을 통하여 좋은 평판을 얻었다"(히 11:39)고 말하고 있습니다.

바로 그다음 절에서 바울은 "그러므로 이처럼 많은 구름 같은 증인들이 또한 우리를 둘러싸고 있으니…"(히 12:1)라고 말했습니다. 그러므로 바울이 히브리서 11장에서 말하고 있는 믿음의 사람들은 바울이 히브리서 12장에서 언급한 많은 구름 같은 증인들 중의 일부를 말하는 것입니다.

많은 구름 같은 증인들이 "우리를 둘러싸고 있다"라고 바울이 말하는 것은 무엇을 의미합니까? 리빙 바이블은 이 구절을 이렇게 번역하고 있습니다. "우리는 정면 관람석에서 우리를 보고 있는 이렇게 엄청나게 많은 믿음의 사람들을 가지고 있으니…우리는 각자가 하나님께서 우리 앞에 계획하신 특별한 경기를 인내로써 달립시다."

그리스도인으로서 살면서 우리가 어떻게 우리의 삶을 위한 하나님의 계획을 따라야하는지 묘사하기 위해서 바울은 달리기 경주를 예로 사용하였습니다. 바울은 현대의 올림픽 게임과 비슷한 바울의 시대에 열렸던 그리스인들의 운동 경기의 그림을 보여주고 있습니다.

그리스 사람들은 이런 경주를 하는 사람들을 관람석에서 바라보며 격려하면서 선수들을 둘러쌌습니다. 요점만 말하면 히브리서 12:1에서 바울은 "내가 여기 열거한 모든 영웅들과 지금까지 살았던 모든 신자들이 천국의 관람석에서 우리가 영적인 경주를 하는 것을 지켜보고 있다"라고 말하고 있는 것입니다.

땅 위의 모든 그리스도인들은 물론이고 천국의 많은 구름 같은 증인들도 바울이 에베소서 3장 14절과 15절에서 바울이 말하고 있는 하나님 가족의 일부분입니다. "이로 인하여 내가 우리 주 예수 그리스도의 아버지께 무릎을 꿇고 비노니 그분께로부터 하늘이나 땅에 있는 모든 가족이 이름을 부여 받았느니라." 당신이 달리고 있는 동안 하늘나라 관람석에서 당신을 응원하고 있는 가족이 있다는 사실을 앎으로 힘을 내십시오.

이 믿음의 사람들의 거대한 군중은 당신이 이 땅에서 달리고 있는 일반적인 달리기를 관람하고 있는 것이 아닙니다. 그들은 이 땅 위에서 일어나는 자연적인 경주에는 관심이 없습니다!

예를 들면 그들은 당신이 매일 영위하는 하루하루의 일들을 관찰하고 있는 것이 아닙니다. 그들은 당신이 새 옷을 사거나 새 차를 사거나 얼마 만큼의 돈을 은행에 맡기고 있는지에는 관심이 없습니다. 그들은 당신이 당신의 영적인 경주를 그리스도인으로서 어떻게 하고 있는지를 보고 있는 것입니다. 그들은 당신이 당신의 삶을 향한 하나님의 계획을 따르고 있는지 아닌지에 관심을 가지고 있습니다.

나는 수년 전에 초자연적인 경험을 통해서 이 계시를 받게 되었는데 그 계시는 하늘나라 관람석에서 우리를 보고 있는 구름 같은 증인들에 대한 실재를 내게 보여 주었습니다.

1968년 한 세미나에서 (지금은 천국에서 주님과 함께 있는) 유명한 성경 교사요, 예언자였던 진 윌커슨 자매Jeanne Wilkerson는 그해 가을 내가 하늘나라로 사로잡혀 올라가는 에녹과 비슷한 경험을 하게 될 것이라고 내게 대하여 예언을 하였습니다. 에녹은 육신의 상태에서 사로잡혀 올라갔는데 그의 몸이 이 땅을 떠났던 것입니다(창 5:24; 히 11:5). 그러나 윌커슨 자매는 내가 영 안에서 사로잡혀 올라가게 될 것이며 하나님으로부터 계시를 받을 것을 예언하였습니다. 이 예언이 성취되도록 하기 위해서 나는 특별히 어떤 일도 하지 않았습니다. 다만 나는 하나님을 계속 섬겼을 뿐입니다.

그해 가을이 되자 나의 유일한 여동생인 올레타가 쉰다섯 살의 나이에 암으로 죽게 되었습니다. 올레타는 그 전에도 한 번 크게 아파서 죽을 뻔했던 적이 있었습니다. 그때 내가 올레타를 위해서 기도하자 올레타는 나았었습니다. 그 당시에 그녀는 영적으로 어린 아이였으므로 나는 말씀에 대한 나의 믿음으로 그녀가 치유 받을 수 있도록 할 수 있었습니다. 하나님께서는 우리들 각 사람이 믿음 안에서 자라기를 기대하시기 때문에 우리는 다른 사람을 무한정 우리들의 믿음으로 업고 다닐 수는 없습니다.

그래서 그해 가을 내 여동생은 죽었습니다. 우리 집안사람들은 모두 그녀가 마지막 숨을 거두는 날 저녁 그녀의 침대 곁에 모였습니다. 그다음 날 밤 한시 반쯤에 나는 여동생의 영이 그녀의 몸을 떠나서 주님과 함께 있기 위해 하늘나라로 올라갔을 때 어떤 상태일까 하고 침대에 누워서 생각하고 있었습니다.

나는 내가 아파서 침대에 누워있던 1933년 8월 16일 나의 심장의 고동이 멈추었던 때를 생각했습니다. 내 심장이 멈추자 나의 영은 나의 몸을 떠났고 내가 뒤를 돌아 내려다보니 나는 나의 몸이 그 침대에 누워 있는 것을 볼 수 있었습니다. 나는 나의 어머니께서 내 손을 잡고 있는 것을 보았습니다. 그때 나는 다시 나의 여동생을 생각했습니다. 그녀가 죽어서 그녀의 몸을 떠났을 때 그녀는 우리 모두가 그녀의 침대 주위에 모인 것을 내려다보고 우리의 사랑과 관심도 보았을 것입니다.

내가 이런 생각을 하고 있는데 갑자기 엘리베이터만한 크기의 밝은 황금빛의 한 줄기 빛이 하늘로부터 천정을 바로 뚫고

비쳤습니다. 그 빛이 내게 닿자마자 나의 영은 나의 몸을 떠났습니다. 마치 엘리베이터가 올라가듯이 나는 그 빛줄기를 타고 하늘나라에 도달할 때까지 올라갔습니다.

하늘에서 나는 내 여동생이 예수님과 이야기 하는 것을 보았습니다. 내가 그들에게로 걸어서 다가가자 예수님은 내 여동생에게 말씀하던 것을 멈추시고 나를 쳐다보셨습니다. 예수님께서 나를 보시자 내 여동생은 예수님께서 누구를 보시는지 보려고 고개를 돌려서 나를 보았습니다.

이것이 내 여동생이 내게 한 첫 마디 말이었습니다. "켄, 오빠가 믿음의 기도를 할 수 없었던 것을 너무 가슴 아파하지 마세요. 오빠가 기도할 수 없었던 이유가 있어요." (그녀는 그 이유에 대해서는 내게 말하지 않았습니다.)

가끔 하나님께서는 어떤 사람들이 왜 병 고침을 받지 못하는지 그 이유를 우리에게 밝혀주지 않으십니다. 신명기 29:29에는 "오묘한 일은 우리 하나님 여호와께 속하였거니와…"라고 말하고 있습니다.

내 여동생은 나의 어머니의 부모님이신 할머니 할아버지를 이미 만났다고 내게 말했습니다. 그녀는 또 세 살 때 죽은 손자 제이슨도 만났다고 말했습니다. 그리고 나서 내게 이렇게 말했습니다. "케네스, 나는 앤을 만났어요." 앤은 스물다섯에 교통

사고로 어린 두 아이를 두고 죽었던 여동생의 딸이었습니다.

내 여동생은 계속해서 말했습니다. "앤이 내게 한 첫 마디 말은 '빌과 아이들은 어떻게 지내고 있어요?' (빌은 앤의 남편이었습니다)였습니다. 나는 앤에게 빌이 재혼을 한 것을 말하지 않았어요."

그리고 난 후 나의 여동생은 내게 실제로 계시가 된 것을 말했습니다. 그녀는 내게 "오빠가 보다시피 여기 있는 사람들은 땅 위에서 살고 있는 사람들의 자연적인 삶에 관해서는 관심이 없답니다. 여기 사람들은 땅 위에 사는 사람이 새 차나 새 옷을 사는 것이나 은행에 돈을 얼마나 많이 가지고 있는 지에는 관심이 없어요."

"그들은 영적인 것에 관심을 가지고 있지요. 그들은 사람들의 삶의 자연적인 영역에서 어떤 일이 일어나고 있는지는 모르지만, 사람들이 영적으로 하는 일은 모두 알고 있답니다. 그들은 어떤 사람이 그리스도를 믿기로 작정하는 것은 알고 있어요."

내 여동생은 우리가 영적인 경주를 하는 동안 하늘에서 우리를 지켜보고 있는 구름 같은 증인들에 관해서 말하고 있었습니다. 이것이 바로 윌커슨 자매가 예언했던 내가 이 사건을 통해 깨닫게 될 계시였던 것입니다. 하늘로 사로잡혀 올라간 이 경험을 하기 전에는 나는 오직 이 계시에 대해서는 하나의 암시나 흘깃 한 번 본 것 정도의 수준이었습니다.

내 여동생은 내게 "켄, ＿＿＿＿＿ (그녀는 그녀의 막내 아들의 이름을 언급했습니다)에게 꼭 좀 말해 주세요. 오빠가 하는 말은 들을 거예요"라고 말했습니다.

내 여동생이 말하고 있는 그 아들은 전에는 하나님을 알고 자신의 삶에 대한 하나님의 사역에로의 부르심도 알고 있었습니다. 그러나 그 후 그는 하나님으로부터 도망하여 수년 동안 하나님과 교제가 없었습니다.

내 여동생은 내게 "내 아들에게 그는 결코 행복하지 못할 것이며 그가 자신의 삶을 주님께 드리기 전에는 인생에서 아무 것도 잘 되는 것이 없을 것이라고 엄마가 말했다고 전해 주세요. 그가 자신의 삶을 주님께 다시 헌신하면 나도 알게 될 것이라고 그에게 말해 주세요. 우리는 이 곳에서 땅 위에서 영적으로 어떤 일이 일어나고 있는지 알고 있다고 말이에요."

이 일이 있은 후에 나는 내 여동생의 아들에게 그녀가 내게 원했던 대로 말했었습니다. 그는 비록 하나님께로 조금 가까이 가기는 했지만 그의 삶을 하나님께 전적으로 내어 드리지는 않았습니다. 내 여동생이 예상한 대로 그는 이 때문에 그 후로도 오랜 세월을 아무 것도 잘 되는 것이 없었습니다.

그 뒤에 내 여동생의 아들은 최근의 우리 캠프미팅에 참석했다가 자신의 삶을 주님께 완전히 드려서 전임 사역으로 부르신 하나님의 부름에 응답했습니다! 내 여동생이 그녀의 아들이 그의 삶을 예수님께 다시 헌신하는 그 순간 하늘에서 알았다는 것이 얼마나 하나님께 감사한 일인지요. 그 아들이 자신의 삶을 위한 하나님의 계획을 따라 그의 경주를 열심히 달리고 있는 것을 지켜보며 그녀는 기뻐하고 있습니다!

우연하게도 윌커슨 자매님이 내가 에녹 같이 하늘로 사로잡혀 올라가서 계시를 받을 것이라고 예언했을 때 그녀는 또 다른 사람이 이와 비슷한 초자연적인 경험에 관여하게 될 것이라고 말했습니다. 나의 형님인 덥이 바로 그 사람이었습니다. 내가 하늘로 사로잡혀 올라가게 된 바로 그날 밤에 덥도 비슷한 경험을 하였습니다. 덥도 하늘로 사로잡혀 올라가서 내가 조금 전에 가졌던 것과 똑같이 내 여동생과 대화를 나눴습니다.

이 일이 덥에게 일어났을 당시에는 아무도 덥이 영적이라고 말할 사람이 없었습니다! 덥은 영적인 것에 대해서는 별로 아는 것이 없었을 뿐만 아니라 그의 천국 경험은 그를 불안하게 했습니다. 그 일에 대해 말하려고 그 다음날 그는 내게 전화를 걸었습니다. 그는 그날 밤 나도 비슷한 경험을 했다는 것을 전혀 모르고 있었습니다.

덥은 내게 말했습니다. "내가 하늘나라에 올라갔을 때, 난 여동생을 만났어. 여동생은 예수님께 말을 하고 있었는데 너무나 아름다웠어. 여동생이 내게 '덥, _____ (여동생은 그녀의 맏아들을 언급했습니다)에게 오빠가 꼭 말해줘. 그 애는 오빠 말 외에 다른 사람의 말은 듣지를 않으니까'라고 했어." 내 여동생의 맏아들 역시 주님으로부터 멀어져 있었습니다.

덥은 올레타의 맏아들에게 확실히 말했습니다. 덥이 말했을 때 그 젊은 친구는 결단을 내리지는 않았지만 나중에 그는 자신의 삶을 주님께 다시 헌신하고 지금은 주님을 섬기고 있습니다.

나는 히브리서 12:1 말씀을 당신에게 좀 더 실감나게 하려고 내가 하늘나라에서 경험한 것을 관련해서 말하고 있습니다. 나의 여동생은 하늘의 관람석에서 우리를 지켜보고 있는 구름 같이 많은 증인들 중 한 사람입니다. 성경의 많은 족장들과 사도 바울도 우리를 지켜보고 있는 큰 무리 중 일부입니다. 베드로, 야고보, 요한과 같은 사도들도 역시 우리를 지켜보고 있습니다! 우리가 각자의 영적인 달리기를 하는 동안 그들은 우리를 지켜보고 있습니다.

만일 당신의 사랑하는 사람 중 누가 주님과 함께 있는 본향으로 돌아간 사람이 있으면 당신이 당신의 경주를 하고 있는 동안 그들이 당신을 지켜보고 있다는 것을 확신하고 마음을 놓을 수 있습니다. 그들은 당신이 당신의 코스를 잘 마치는 것을 보기 원하기 때문에 당신이 당신의 삶을 위한 하나님의 계획을 따르는 것을 보며 응원을 하고 있습니다.

나는 내 아들 켄이 고등학교 육상 선수로서 달리기를 하던 것을 지켜보던 것을 기억하고 있습니다. 켄이 그 트랙을 돌아서 내 가까이 올 때 나는 전면 관람석에서 응원을 보내기 시작했습니다. 켄 바로 뒤에 한 사람이 바짝 쫓아오고 있었으므로 나는 "켄, 달려라! 너를 따라 잡으려고 하고 있다!"고 소리를 질렀었습니다. 켄은 내가 응원하는 소리를 들을 수 있었습니다. 나는 켄이 자신의 속에 있는 모든 힘을 다해서 달리는 것을 지켜보았습니다. 켄은 나머지 모든 선수들보다 이십 미터는 앞서서 빨리 달려 경기를 끝냈습니다!

그 릴레이 달리기 경주에서 내 아들의 팀이 일등을 하였습니다. 아빠가 자기를 응원하고 있음을 알고 있는 것이 켄이 그 경주에서 최선을 다 할 수 있도록 도움이 되었습니다. 이와 마찬가지로 우리의 가족들이 하늘나라 관람석에서 하나님께서 우리 각 사람 앞에 놓아둔 경기를 마무리하도록 우리를 응원하는 동안 우리도 최선을 다해 우리의 영적인 경주를 달릴 것을 각오할 수 있습니다!

모든 무거운 것을 내려놓자

그러면 어떻게 우리의 삶을 향한 하나님의 계획을 이루고 하늘나라에서 기뻐하는 경주를 할 수 있을까요? 히브리서 12:1을 다시 한 번 보십시오: "…우리도 갖가지 무거운 짐과 얽매는 죄를 벗어 버리고, 우리 앞에 놓인 달음질을 참으면서 달려갑시다."

리빙 바이블은 "갖가지 무거운 짐과 얽매는 죄를 벗어 버리고"가 의미하는 것을 좀 더 분명하게 보여주고 있습니다.

전면 관람석에서 우리를 지켜보고 있는 거대한 구름 같은 믿음의 사람들을 우리는 가지고 있으므로 우리의 속도를 늦추거나 뒤로 잡아당기는 것은 무엇이든지 특히 우리의 발 주위에 가까이에서 거추장스럽고 우리를 걸려 넘어지게 하는 죄들을 벗어버리고 하나님께서 우리 앞에 놓아두신 그 특별한 경주를 인내하면서 달립시다.   히 12:1(리빙 바이블)

Since we have such a huge crowd of men of faith watching us from the grandstands, let us STRIP OFF ANYTHING that SLOWS US DOWN or HOLDS US BACK, and especially those SINS that WRAP THEMSELVES SO TIGHTLY AROUND OUR FEET and TRIP US UP; and let us run with patience the particular race that God has set before us.

실제 올림픽 경기에서 달리기 선수들이 어떤 옷을 입는지 생각해 보십시오. 오버코트를 입고 달리지 않습니다. 외출복을 차려입고 달리지 않습니다. 왜 그럴까요? 그런 옷은 그들의 달리기 속도를 늦추기 때문입니다. 뿐만 아니라 달리기 경주를 반쯤 달린 뒤에서야 "이 놈의 코트가 나를 쳐지게 한다니까"라고 말하면서 외투를 벗어버리지 않습니다. 만일 그런다면 그가 그 경주에서 승리할 길은 없을 것입니다!

일반적으로 오버코트를 입는 것이 달리기를 힘들게 하여 그 사람이 경주에서 이길 수 없는 것과 마찬가지로 영적인 것도 마찬가지입니다. 죄는 당신의 경주의 속도를 늦추게 하고 당신을 넘어지게 하고 당신의 영적인 경주를 잘 달리지 못하도록 합니다.

당신의 삶의 죄는 당신이 하나님과 교제하는 것을 방해할 뿐만 아니라 당신의 영을 무디게 하여서 당신이 성령님의 이끄심에 둔감하게 반응하게 합니다. 그러므로 다스려지지 않은 죄는 당신으로 하여금 오직 자연적인 영역에서만 살게 하여 당신의 삶을 위한 하나님의 최고를 놓치게 할 것입니다.

그 자체는 좋은 것이지만 하나님께서 당신을 불러서 시키신 일이 아닌 것들, 즉 삶에 있어서 정당한 것들에 너무 얽매이게 되는 것은 너무나 흔한 일입니다. 꼭 나쁜 것은 아니지만 인생에 있어서 당신의 특별한 영적인 경주의 속도를 늦추는 것들은 너무나 많이 있습니다. 이런 것들이 당신이 영적으로 성장하여 당신의 삶을 향한 하나님의 목적을 이루지 못하도록 방해할 것입니다.

이것이 바로 히브리서 12:1에서 하나님께서 영적으로 우리의 속도를 늦추고 우리를 넘어지게 하는 무거운 것들과 죄들을 벗어버리라고 말씀하고 있는 이유입니다. 그러므로 우리는 바로 지금 무거운 것들과 죄들을 벗어버림으로써 그것들이 우리의 삶을 향한 하나님의 계획을 이루는 것을 방해하지 못하도록 해야 합니다. 천천히 인생 경주의 반을 지날 때까지 이런 무거운 것들을 던져 버리지 않고 기다린다면 우리는 우리의 경주를 끝내지 못할 가능성과 우리의 삶을 향한 하나님의 계획을 이루지 못할 위험에 처하는 것입니다(딤후 4:7).

히브리서 12:1에서 그리스도인으로서 당신의 삶에서 당신을 뒤로 잡아끌고 방해하는 무거운 것들과 죄들을 벗어 버려야 할 사람은 바로 당신 자신임을 주의하십시오. 물론 하나님께서 당신을 도와주실 것입니다. 돕는 분이신 성령님께서 당신이 하나님께 순종할 수 있는 힘과 능력을 공급해 주시려고 당신 안에 살고 계십니다(요 14:26). 그러나 하나님께서 손수 당신의 코트, 즉 당신의 경주 속도를 늦추는 무거운 짐과 얽매는 죄들을 당신 대신 벗겨 주고 그것들을 내려놓도록 하지는 않을 것입니다! 당신이 해야만 하는 것입니다.

이것이 바로 많은 사람들이 그들의 영적인 경주를 달리는데 문제를 가지고 있는 이유입니다. 그들은 그들의 속도를 늦추고 뒤로 잡아끄는 것들을 벗어버리지 않고 있습니다. 그들은 '그들의 발 주위 가까이에서 거추장스럽고 그들을 걸려 넘어지게 하는 죄들'을 내려놓지 않고 있습니다.

사람들이 그들의 영적인 경주를 달리는 데 어려움을 겪는 또 하나의 다른 이유는 하나님께서 그들에게 달리라고 하신 경주를 달리고 있지 않는 것입니다. 그들은 자신들의 삶을 향한 하나님의 계획과 하나님의 목적을 따르지 않고 있습니다. 이런 경우에 그들의 경주는 어렵고 달리기 힘든 것이 되고 맙니다.

그러나 하나님께서 우리 앞에 놓아두신 경주는 어렵거나 짐이 되는 것이 아닙니다.

"수고하고 무거운 짐 진 자들아, 다 내게로 오라. 그러면 내가 너희에게 쉼을 주리라. 나는 마음이 온유하고 겸손하니, 내 멍에를 메고 나에게서 배우라. 그리하면 너희가 너희 혼에 쉼을 얻으리라. 이는 내 멍에는 쉽고 내 짐은 가볍기 때문이라"고 하시더라.   마 11:28-30

우리가 우리의 경주를 달리면서 당면하는 어려움들은 흔히 우리에게 메운 하나님의 멍에 때문에 오는 것도 아니고 우리의 삶을 향한 하나님의 뜻을 이루려고 힘쓰는 것 때문에 오는 것은 아닙니다. 수많은 경우에 우리가 당면하는 어려움들은 우리가 우리를 방해하는 모든 것들을 벗어버리지 않았기 때문입니다.

이와 마찬가지로 당신도 코트를 벗어서 던져 버리십시오. 당신의 경주를 방해할 모든 잘못된 동기, 자기의 모든 야망, 육신적인 성향과 육신의 욕망을 벗어버릴 것을 결단하십시오.

무거운 짐과 교만, 두 마음을 품는 것, 영적인 게으름과 두려움 같은 죄들을 내려놓으십시오. 이런 무거운 것들과 죄들을 당신에게서 멀리 던져 버리고 결코 다시 집어 들지 마십시오. 당신의 영적인 경주에서 최선을 다하고 당신의 코스를 기쁨으로 마무리하기를 원한다면 이렇게 해야만 합니다.

인내로써 우리의 경주를 달리기

이제 히브리서 12:1의 마지막 부분을 살펴봅시다. "우리 앞에 놓인 달음질을 참으면서 달려갑시다"(표준 새번역 개정판). 만일 우리가 인내로써 우리 앞에 놓인 경주를 달리지 않으면 우리가 달리는 길을 어렵게 만들고 영적인 성장을 방해할 수 있습니다. 참으면서 우리의 경주를 달리는 것은 하나의 도전이 될 수 있습니다. 우리의 삶에서 하나님의 계획을 보고 싶어 하고 목적을 이루고자 하는 우리의 열망 때문에 우리는 인내하지 못하고 조바심을 내기 쉽습니다.

예를 들면 사람들은 너무나 시간을 의식합니다. 우리에 관한 하나님의 계획에 관하여 주님으로부터 듣게 되었을 때 우리는 흔히 그것이 즉시 이루어지기를 바랍니다. 그러나 우리가 영적인 경주를 할 때는 인내를 배워야합니다.

하나님께서는 시간의 영역에서 일하시는 분이 아님을 우리는 알고 있습니다. 주님께는 하루가 천 년 같다고 성경은 말씀하고 있습니다(벧후 3:8). 하나님은 시간도 모르시고, 날짜도 모르시고, 몇 년도인지도 모르십니다. 우리에게는 기나긴 시간으로 보여도 하나님의 관점에서는 한 순간에 지나지 않을 지도 모릅니다. 그렇기 때문에 시간제한이 없이 하나님의 약속의 말씀 안에서 안식하는 법을 배우는 것이 우리에게는 너무나 중요합니다. 우리가 믿음의 안식 안에 들어가는 법을 배울 때 우리는 우리의 삶에 그분의 계획을 전달해 줄 수 있도록 주님을 자유롭게 해 드리는 것이 됩니다.

가끔 하나님께서 그들의 삶을 향한 하나님의 계획에 관해서 신자들에게 무엇을 말씀하시면 그들은 그 계획을 자신들의 힘으로 이루려고 애를 씁니다. 이렇게 하면 소위 물을 흐리게 만드는 것입니다. 물을 흐린다는 것이 무슨 의미냐고요? 다른 말로 하면 그들을 향한 하나님의 계획을 그들이 방해하여 하나님은 자신의 뜻대로 자유롭게 하시고자 하는 것을 하실 수가 없게 된다는 뜻입니다. 하나님의 계획에 관해서 믿음을 가지고 그냥 있으면서 하나님께서 그들에게 말씀하신 것을 이루시도록 가만히 있어야 합니다. 그들이 해야 할 부분을 하기 위해서는 그들은 하나님의 말씀과 성령님의 인도하심에 따라 자신들을 준비할 필요가 있습니다.

내가 주 안에서 영적으로 어렸을 때 나는 나를 향한 하나님의 계획의 물을 한 번 이상 흐리게 하였습니다. 나의 사역에 관해서 하나님께서 내게 가끔 무엇을 말씀하시면 나는 그것을 하려고 즉시 뛰어들곤 했습니다. 내가 그렇게 할 때마다 주님께서 내게 하라고 말씀하신 것이 제대로 되지 않았습니다.

어떤 사람은 이렇게 생각할지도 모릅니다. '그렇다면 그것은 주님께서 정말로 당신에게 말씀하신 것이 아닌 것 같군요.' 그러나 그것은 주님께서 내게 말씀하셨지만 내가 그 시기를 바로 알지 못해서 하나님의 계획을 방해한 것입니다.

환상 가운데 나타나신 예수님께서 한 번은 내게 이렇게 말씀하셨습니다. "네가 나의 인도를 받으려고 노력할 때 나는 네가 너무 빠르기 보다는 차라리 늦기를 바란다. 적어도 네가 내 뒤에 있으면 너는 그래도 네 앞에 가는 나를 볼 수는 있단다. 그러나 네가 너무 빨리 가서 내 앞에 뛰어 나가면 너는 더 이상 나를 볼 수 없고 길을 벗어나게 된단다."

주 안에서 성장하면서 나는 주님보다 앞서 뛰쳐나가지 않고 신실하게 자신을 준비만 하고 있으면서 하나님께서 나를 향한 그분의 목적들을 이루실 수 있도록 그냥 허락하는 것을 배웠습니다. 뿐만 아니라 나는 하나님의 계획이 무엇인지는 물론 하나님께서 언제 어떻게 이루시는지를 알게 될 때까지 계속 기도하는 것을 배웠습니다.

주님께서 당신에게 무엇을 말씀하셨다고 해서 그것이 주님께서 당신이 그것을 즉시 행하기를 원하신다는 의미는 아닙니다. 이 말은 주님께서 당신이 다음 주, 다음 달, 다음 해에 그것을 하기를 원한다는 의미가 아닙니다. 이것은 절대적인 진리입니다.

하나님께서는 당신을 위한 계획을 준비해 놓으셨지만 당신이 항상 다음 발걸음을 내딛을 준비가 되어 있는 것은 아닙니다. 그러므로 하나님께서는 그분이 당신의 심령에 말씀하신 것이 이루어지기 전에 당신을 발전시키고 훈련시키는 데 필요한 시간을 가지실 것입니다.

하나님의 목적들을 위해 준비하기

준비하는 날들은 결코 잃어버리는 시간이 아닙니다. 당신을 향한 하나님의 계획을 성공적으로 이루기 위해서 당신이 아직도 배워야 하는 진리와 중요한 교훈이 있을지 모릅니다. 준비하는 것과 당신이 하나님의 말씀 안에 세워지는 데는 시간이 걸립니다(딤후 2:15).

그러나 준비하는 시간을 통과하는 것은 항상 쉬운 것은 아니며 때로는 지불해야 할 값이 있습니다. 당신의 관점에서 볼 때 준비하는 시간이 항상 편안하지는 않은데 그 이유는 당신이 하나님께 당신을 준비시키도록 허락하면, 당신은 당신의 욕망과 당신이 원하는 때에 관하여 죽어야만 할지도 모르기 때문입니다.

당신에게는 어렵고 불편해 보일지 몰라도 그 준비는 하나님께서 당신 앞에 놓아 둔 당신이 달려야 하는 경주의 한 부분입니다. 당신 편에서 희생을 치러야할 경우가 있다고 하더라도 준비하는 기간 동안 신실함을 유지하는 것은 그럴만한 가치가 있습니다. 왜냐하면 당신이 이 준비의 기간을 철저하게 통과하고 하나님께서 당신을 신뢰할 수 있도록 자신을 증명한 후에야 하나님은 당신을 진급시킬 수 있고 당신을 위해서 지금까지 계획해 두신 그 장소, 즉 더 큰 책임과 기름부음과 사역의 현장으로 이동시킬 수 있기 때문입니다.

그러나 만일 당신이 이 준비기간에 자신을 준비하지 않는다면 당신을 향한 하나님의 계획 안에서 다음 발걸음을 내디딜 준비가 되어 있지 않을 것입니다. 만일 당신이 훈련받는 기간을 무시해버리고 일상적인 것들에만 관심을 갖는다면 하나님께서 기회의 문을 열어 주셔도 당신은 그것을 알아차리지도 못할 것입니다. 만일 자신을 준비하지 않는다면 당신은 당신을 위한 하나님의 계획의 다음 단계로 들어서는 문을 통과할 준비가 되어 있지 않을 것입니다.

흔히 우리가 달리는 영적인 경주는 마치 릴레이 달리기와 비슷한 것을 알 수 있습니다. 릴레이 경주에서 달리는 선수는 어떤 지점에 이르는데 까지만 달리고 그 배턴을 다음에 달리는 선수에게 넘겨줍니다.

　너무나도 같은 방법으로 그리스도인의 경주에도 흔히 다른 단계가 있고 각 단계 전에는 대개 준비 기간이 있습니다. 이 길에서 우리가 걷는 순종의 걸음과 우리 스스로 말씀 안에서 자신을 준비하는 데 성실한 것이 우리가 다음 단계에 도달하기 전의 두 단계 간의 시간이 얼마나 오래 걸릴지를 결정하게 됩니다.

　많은 경우에 사람들은 그들의 경주에 관하여 다음 단계에 대해서 하나님으로부터 듣게 되면 하나님께서 그들에게 하라고 하신 것을 즉시 하라는 것으로 간주해 버립니다. 그러나 그들은 준비가 되어 있지 않거나 그들이 했어야 할 준비를 완전히 하지 않았기 때문에 하나님께서 그들에게 하라고 한 것을 그들이 하려고 나설 때 그 일은 잘 되지 않고 앞으로 꼬꾸라져 버립니다.

　보십시오. 하나님은 방법을 가지고 계시고 그분은 시기도 가지고 있습니다. 당신이 하나님의 시간을 벗어나는 것은 당신이 그분의 뜻에서 벗어나는 것과 같습니다.

　모세는 하나님의 시간보다 앞서 뛰어 나갔다가 하나님의 계획을 흐리게 했던 성경적인 예입니다. 모세가 이집트의 바로의 궁전에서 사는 동안 그는 이스라엘 민족을 노예 생활에서 구원하는 자신의 삶에 대한 하나님의 부르심을 느꼈었습니다.

그러나 모세가 하나님의 시간보다 앞서 뛰어 나가서 자기 방법과 힘으로 일이 일어나도록 했기 때문에 하나님의 구원 계획은 지체되었을지도 모릅니다.

모세가 사십 세가 되었을 때 그는 히브리인 종을 때리는 이집트 사람을 죽였습니다. 이것은 이스라엘 사람들을 구원하는 하나님의 계획도 방법도 아니었습니다!

모세가 저지른 사건의 뉴스는 빨리 퍼져나갔습니다. 모세가 저지른 일을 바로가 듣고 모세를 죽이려고 했습니다. 모세는 살기 위해서 광야로 도망갈 수밖에 없었습니다(출 2:11-15).

하나님이 이스라엘 사람들을 구원하는 하나님의 계획을 이루는 데 모세를 사용할 수 있게 되기까지 모세는 오랜 세월동안 사막 깊숙한 곳에서 충분한 인내를 배워야했습니다. 마침내 하나님께서 모세에게 이스라엘 사람들을 이집트 사람들의 손에서 구출해 낼 때라고 말씀하신 때는 40년이 지나서였습니다.

나는 내 자신의 인생에서도 하나님보다 앞서서 나갔던 예를 들 수 있습니다. 1940년대 중반까지 하나님께서는 내가 지금 사역하고 있는 것들의 대부분을 내 심령 속에 이미 품도록 해 주셨습니다. 목사로서 교회를 섬기는 것 외에 하나님께서 내가 하기를 원하는 것이 있다는 것을 나는 내 영으로 알고 있었습니다.

그래서 1944년에 나는 다음 단계의 사역을 시작할 때가 바로 이때라고 생각하면서 목회하던 교회를 떠나 순회 사역field ministry: 섬기는 정한 교회가 없이 개 교회의 초청이 있을 때만 가서 집회를 인도하는 사역을 하게 되었습니다. 그러나 나는 하나님의 시간보다 앞서서 이 순회 사역으로 들어서게 되었던 것입니다. 그러므로 일들이 제대로 되지 않았습니다.

내 말을 오해하지는 마십시오. 하나님께서는 내게 하나님께서 축복하실 수 있는 한 많은 축복을 해주셨습니다. 우리는 사람들이 구원받고 성령 충만을 받는 몇 번의 좋은 집회를 가졌습니다. 그러나 나는 나를 향한 하나님의 계획의 다음 단계로 미숙하게 들어섰다는 것을 알았습니다. 그래서 나는 내가 하나님의 계획을 놓쳤던 그 자리로 되돌아갔습니다. 나는 다시 목회를 하였습니다.

하나님께서 실제로 내 사역에 관해서 그때 내게 말씀하기는 하셨지만 그런 일이 이루어질 때는 아직 아니었습니다. 예를 들면 하나님께서 순회 사역으로 들어갈 것을 내 마음에 두신 일의 시간은 5년 후였던 것입니다. (하나님께서 내게 말씀하셨던 것들 중에 어떤 것들은 그보다도 훨씬 뒤에 이루어졌고 어떤 것들은 아직도 이루어지고 있는 중입니다!)

5년이 더 지났을 때 나는 "이번에는 움직일 시간이라고 내 영에 증거를 갖기 전에는 나는 움직이지 않을 것이다"라고 말할 정도로 충분히 교훈을 얻었습니다. 1949년 초에 성령님께서 이제는 순회 사역으로 들어설 때라고 내 영을 감동시킬 때까지 나는 나의 마지막 교회를 계속해서 섬겼습니다. 이 신호를 보고 하나님께서 내게 말씀하신 대로 행동에 옮겼을 때 하나님의 계획은 언제나 매끄럽게 역사하는 것을 나는 발견하였습니다.

예를 들면 나는 하나님께서 여러 해 전에 내게 말씀하신 사역을 오늘 하고 있습니다. 그러나 그때 하나님으로부터 들었다는 것만으로 나는 하나님께서 내게 하라고 하신 일을 즉시 하지는 않았습니다. 만일 내가 하나님께서 내게 하라고 말씀하신 것을 즉시 하려고 했다면 나는 하나님의 타이밍에서 벗어났었을 것입니다. 사역은 고통스럽게 되고, 나를 향한 하나님의 계획의 한 부분은 크게 방해를 받았을 것입니다.

대신에 나는 하나님의 계획에 따라 언제 행동해야 할지를 내 영으로 신호를 받을 때까지 기다렸습니다. 신호가 오면 그 때 나는 내 영이 알고 있는 대로 행동했습니다. 기다렸기 때문에 하나님께서 내게 하라고 말씀하신 것을 행할 때마다 너무나 매끄럽게 일이 진행되었고 나는 스스로도 놀랐습니다. 그 이유는 바로 내가 하나님의 계획을 그분의 시간에 따라 행동으로 옮겼기 때문입니다.

나는 오래 전에 이미 하나님의 계획이 언제 어떻게 이루어질지를 내 자신의 자연적인 지각으로 이해하려고 하지 않는 것을 배웠습니다. 예를 들면, 40년대 후반, 나의 목회의 마지막 3년 동안에 나는 한 번에 몇 시간씩 혹은 며칠씩 주님을 찾으며 내 삶을 향한 주님의 계획을 찾으며 하나님 앞에서 기다렸습니다. 주님을 바라며 기다리고 있다가 나는 최근에 이르러서야 이루어지게 된 나의 사역의 다른 면들을 성령 안에서 보았습니다.

그렇지만 나의 사역의 전체 그림이 어떤 것들을 포함하게 될지는 보지 못했습니다. 나의 영적인 발전에 있어서 그 단계에서 오늘날 나의 사역에서 일어나고 있는 일들을 그때 내가 알았더라면 나는 겁에 질렸을 것입니다! 하나님께서는 자신의 계획 전부를 우리에게 한번에 다 보여주지 않으십니다. 우리가 이해를 하지 못하거나 하나님께서 우리를 위해 보관하고 계신 것의 일부분 밖에는 우리가 감당하지 못하기 때문에 하나님께서는 그분의 계획을 부분적으로 조금씩 우리에게 말할 수밖에 없습니다(요 16:12).

나는 하나님께서 내 사역에 관하여 내게 보여주신 것을 어떻게 이루려고 하시는지 전혀 알 수 없었으므로 나는 이 문제 전체를 그냥 하나님의 손에 맡겨 두었습니다. 내가 한 발자국 한 발자국 신실하게 그분께 순종할 때 그분의 시간이 되자 하나님께서는 사십년 전에 내게 계시해 주셨던 것들이 이루어지도록 하셨습니다.

누구든지 자신의 삶에 하나님의 목적이 이루어지도록 참을성 있게 하나님을 기다려야 합니다. 모든 일에는 시절과 때가 있고(전 3:1), 그때는 항상 지금은 아닙니다. 그래서 성경은 이렇게 말씀하고 있습니다. "우리 앞에 놓인 경주를 참으면서 달립시다"(히 12:1).

어떤 사람은 "그렇지만 정말 변화가 올까요? 나는 하나님께서 나를 준비하고 계시다는 것도 알고 있고 나는 신실하기를 바랍니다. 그러나 나는 너무나 오랫동안 이 준비하는 자리에만 머물러 있는 것 같습니다. 정말 무슨 차이가 있을까요?"라고 말할지도 모릅니다.

당신의 온 심령을 다하여 계속해서 주님을 신뢰하고, 참으면서 당신의 경주를 달리기만 하십시오. 하나님께서 당신을 향한 계획을 언제 어떻게 이루시려고 하는지 알려고 하지 마십시오. 단지 그것을 놓고 기도하십시오. 당신이 알 필요가 있게 되면 하나님께서 당신이 취해야 할 각 발걸음을 계시해 주실 것입니다. 단지 믿음 안에서 안식하는 법과 성령님과 함께 흘러가는 법을 배우십시오.

당신을 향한 그분의 계획에서 다음 발걸음을 내딛어야 할 때가 왔을 때 하나님께서 당신의 영에 경보를 보내실 것을 믿고 주님 앞에 성실히 행하고 있는 것으로 만족하십시오. 당신의 삶에서 그분의 뜻을 성취하는 분이 하나님이 되도록 하십시오. 그러면 당신을 향한 그분의 계획의 다음 단계로 움직일 때가 되면 당신은 그분이 당신을 불러 명하신 일을 할 수 있도록 반쯤 준비되어 있는 것이 아니라 철저하게 준비되어 있을 것입니다.

당신은 하나님께서 당신을 위해 준비해 두신 것을 위해서 완전한 잠재력을 갖추는 것이 내일이나 다음 주나 다음 달에 완성될 수 있는 것이 아니라는 것을 알아야 합니다. 그러나 당신이 성실하게 자신을 준비하고 성령님의 인도하심에 자신을 내어드리는 것을 배우고 있으면 당신을 위해 하나님께서 계획해 놓으신 것 안으로 들어가게 될 것입니다.

마치 문을 열고 들어가듯이 그렇게 하나님의 완전한 계획 속으로 즉시 한번에 들어가지는 않을 것입니다. 그러나 조금씩 조금씩 점차적으로 당신은 하나의 문을 통과하게 되어 당신을 향한 하나님의 운명destiny을 향하여 계속 움직이게 될 것입니다. 그러면 어느 날 당신은 마침내 완전히 꽃을 피운 당신을 향한 하나님의 목적과 하나님의 축복의 세계 안에 서 있게 될 것입니다. 그 단계에 도달하고 나면 당신은 당신이 보낸 준비하는 기간을 돌아보며 이렇게 말하게 될 것입니다. "지나간 준비하는 날들을 인하여 하나님께 감사드립니다! 내가 하나님께 신실하게 순종하게 된 것을 하나님께 감사합니다!"

당신의 경주를 참으면서 달릴 때 다른 사람의 경주를 달리려고 해서는 안 된다는 것을 기억하십시오. 다른 사람들이 그들의 경주에서 어느 지점에 있는지 살피면서 그 사람들의 경로로 달리려고 하지 마십시오. 당신의 경주에서 당신이 어디에 있는지 하나님께서 당신에게 말씀하도록 허락하십시오.

하나님께서 당신 앞에 두신 경주를 찾아내십시오. 당신이 하나님께 순종하는 것을 방해하는 무거운 짐과 얽매이기 쉬운 죄들을 벗어버리십시오. 그러고는 그리스도 예수 안에서 하나님의 높은 소명의 상급이라는 목표에 시선을 고정하고 당신의 경주를 달리십시오(빌 3:14). 당신의 삶을 향한 하나님의 계획을 따르며 당신의 경주를 기쁨으로 마치기로 결단하십시오.

02

성령 충만한 삶을 유지하기

이로 인하여 너희는 어리석게 되지 말고 주의 뜻이 무엇인지 이해하라. 술 취하지 말라. 그것은 방탕한 것이니 오직 성령으로 충만하라. 시와 찬송과 영적인 노래들로 너희에게 말하고 너희 마음으로 주께 노래하며 곡조를 만들고 항상 모든 일에 우리 주 예수 그리스도의 이름으로 하나님, 곧 아버지께 감사를 드리며, 하나님을 두려워함으로 서로 복종하라.

엡 5:17-21

형제애로 서로 다정하게 사랑하며 서로 존경하기를 먼저 하라. 일에는 게으르지 말고 영 안에서 열심을 내며 주를 섬기라.

롬 12:10-11

많은 그리스도인들은 자신들의 삶을 향한 하나님의 뜻을 궁금해 하면서 인생을 힘들게 살고 있습니다. 하나님께서는 사람들의 생애를 향한 그분의 계획과 목적들에 관해서 그의 백성들에게 구체적인 방향을 물론 가르쳐 주십니다. 하나님께서 그분의 계획에 관해서 그들에게 구체적으로 말씀하시는 것이 없을 때에도 신자들은 단순히 말씀을 행하는 자가 됨으로써 그들의 일상생활에서 하나님의 뜻을 알고 행할 수 있습니다.

본문에서 이렇게 말하고 있는 것을 주의하십시오. "이로 인하여 너희는 어리석게 되지 말고 주의 뜻이 무엇인지 이해하라. 술 취하지 말라. 그것은 방탕한 것이니 오직 성령으로 충만 하라"(엡 5:17-18). 이런 구절들은 우리의 삶을 향한 주님의 뜻이 무엇인지 알 수 있다고 말하고 있습니다. 그 중의 하나는 신자들이 성령으로 넘치도록 충만하게 되는 것이 하나님의 뜻이라는 것입니다.

어떤 사람이 성령으로 충만한지를 당신이 어떻게 말할 수 있겠습니까? 어떤 사람이 "나는 수년 전에 방언을 말하였기 때문에 성령으로 충만함을 받았습니다"라고 말했다고 합시다.

그러나 디 엘 무디D. L. Moody는 이렇게 말한 적이 있습니다. "과거의 체험 위에만 사는 것은 마치 어제의 만나를 먹고 사는 것과 같습니다." 나도 동의합니다.

에베소서 5:18은 말합니다. "술 취하지 말라. 그것은 방탕한 것이니 오직 성령으로 충만하라." 성령으로 충만케 되라는 것은 현재 시제로써 다른 말로 하면 지금 충만하라는 것입니다. 이것은 과거에 한 번 일어났던 어떤 것을 말하는 것이 아니라 지속적으로 진행 중인 행동을 의미합니다. 그리스어 학자는 에베소서 5:18에 관해서 이렇게 말하고 있습니다. '성령으로 충만함을 받다be filled with the Spirit'는 말은 '성령으로 충만함을 받은 상태로 있다being filled with the Holy Spirit'는 것을 의미합니다. 다른 말로 하면 우리는 성령으로 충만함을 받은 상태의 지속적인 경험을 유지해야 한다는 것입니다. 우리의 삶을 향한 하나님의 뜻은 우리가 성령으로 넘치도록 충만함을 받는 것입니다.

로마서 12:11의 '열정적인 영으로fervent in spirit'라는 표현을 주의해 보십시오. 다른 번역은 '당신의 영이 빛나게 하십시오 Have your spirits aglow'(웨이마우스 역)라고 말하고 있습니다. 개역 표준 성경The Revised Standard Version은 '성령으로 빛나라Be aglow with the Spirit'라고 말하고 있습니다.

모팻Moffatt's 역은 '그 빛을 유지하라Maintain the glow'라고 말하고 있습니다. 나는 이 표현을 가장 좋아합니다. 이것이 바로 우리의 삶을 향한 하나님의 뜻입니다. 다른 말로하면 성령의 빛을 발하는 것을 유지하는 것이 하나님께서 우리가 행하기 원하는 것입니다. 성령으로 충만함을 받고 그 빛남을 유지하는 것은 그분의 말씀 안에 쓰여 있는 우리를 향한 하나님의 뜻입니다. 그리고 우리는 하나님의 말씀은 하나님의 뜻이라는 것을 알고 있습니다.

> 전에는 선지자들을 통하여 조상들에게 여러 번에 걸쳐 다양한 방법으로 말씀하신 하나님께서 이 마지막 날들에 그의 아들을 통하여 우리에게 말씀하셨으니, 이 아들을 만물의 상속자로 세우시고, 또 그를 통하여 그분께서 세상들을 지으셨느니라. 히 1:1-2

성경은 하나님께서 우리에게 개인적으로 하는 말씀입니다. 그리고 성경은 우리가 '영으로 뜨거워진 마음을 가지는 것be fervent in spirit' 혹은 '성령의 빛남을 유지하는 것maintain the glow of the Holy Spirit'이 하나님의 뜻이라고 말씀하고 있습니다. 로마서 12:11의 굿스피드Goodspeed 번역은 '성령으로 불타올라라Be on fire with the Spirit'라고 말하고 있습니다.

로마서 1:7은 "하나님의 사랑을 받고 성도로 부르심을 받은 로마에 있는 모든 사람에게…"라고 말씀하고 있습니다. 사도 바울은 로마에 있는 교회에 로마서를 썼습니다만 이 편지는 우리가 어디에 살고 있든지 주 예수 그리스도의 교회에 속해 있는 우리 모두에게 적용됩니다. 하나님께서는 우리들 각 사람이 성령으로 충만한 삶을 살면서 영으로 뜨겁고 그 빛남을 유지하기를 바라십니다.

성령으로 충만한 삶을 유지하는 것은 하나님께서 당신이 행하기를 바라는 어떤 것에 대해서 주님으로부터 구체적인 지시를 받는 것과 마찬가지로 당신의 삶을 향한 하나님의 계획을 따르는 것의 일부입니다.

예를 들면, 당신은 당신의 삶을 향한 그분의 계획의 한 부분에 관해서 하나님으로부터 구체적인 지시를 받고 순종할 수 있습니다. 그렇지만 당신이 만일 그분의 지시를 단지 철저히 의무감으로만 순종한다면 그것은 아직도 당신의 삶을 향한 하나님의 최고 좋은 것은 아닐 것입니다. 영으로 뜨거워진 마음이나 그에 대한 빛냄도 없이 그것은 단지 힘든 일이 될 것입니다! 다른 말로하면 당신의 삶을 향한 하나님의 뜻을 이루기가 어려울 것입니다.

그러나 하나님은 당신이 그분의 영으로 충만하여져서 흘러 넘치고 그 빛남을 유지하기를 원하십니다! 이것이 바로 당신의 삶을 향한 하나님의 뜻이며 목적입니다. 왜냐하면 당신이 성령으로 충만하여 넘치게 되면 당신의 삶을 향한 그분의 계획을 성공적으로 따르는 것이 훨씬 더 쉬워지기 때문입니다.

빛남을 유지하는 것은 눈에 뜨입니다

에베소서 5:18-21에 의하면 성령으로 충만한 것 또는 영으로 뜨거운 것은 눈에 뜨입니다. 만일 사람들에게 인식되지 않는다면 당신은 당신이 성령으로 빛나고 있는지 아닌지 모를 것입니다.

우리는 사도행전 6:1-3에서 성령으로 넘치도록 충만하였기에 하나님의 일을 하도록 선택된 사람들을 볼 수 있습니다. 그들은 성령으로 빛나고 있었으며 그것이 다른 사람들의 눈에 뜨이게 한 것입니다.

> 그 당시에 제자들의 수가 늘어나고 그리스인들이 히브리인들에 대하여 불평이 일어나니 이는 그들의 과부가 매일의 구제에서 소외됨이라. 그러자 열두 사도가 제자들의 무리를 불러서 말하기를 "우리가 하나님의 말씀을 버려두고 식단을 돌보는 것이 옳지 아니하도다. 그러므로 형제들아, 너희 가운데서 성령과 지혜로 충만하여 훌륭한 평판을 듣는 일곱 사람을 찾아서 택하여 이 일을 맡기고"
>
> 행 6:1-3

예루살렘에서 교회가 시작될 때 신자들은 모든 것을 공동으로 나누었습니다(행 2:44). 사도들은 교회를 감독하면서 영적인 것과 일상적인 것을 모두 해야 할 임무가 있었습니다. 어떤 사람들이 매일 음식을 나누어 주는 일에 그들이 무시당했다고 느끼게 되자 사도들은 제자들에게 이렇게 말했습니다. "우리가 하나님의 말씀을 버려두고 식단을 돌보는 것이 옳지 아니하도다 … 너희 가운데서 훌륭한 평판을 듣는HONEST REPORT 일곱 사람을 찾아서…"(행 6:2-3).

모든 돈은 하나의 재정으로 모았으며 사도들은 이 돈을 관리하는 것뿐만 아니라 식사를 대접하는 일도 해야 했습니다. 사도들은 평판이 좋은 사람 일곱 명이 필요했습니다. 정직하다는 평판을 듣고 있지 못한 사람이 돈을 다루는 것을 물론 원하지 않았던 것입니다!

사도들은 세상의 죄인들 중에서 일곱 명의 정직한 남자를 찾으려고 하지 않고 그리스도인들 중에서 찾았습니다. 신자들 가운데서 "정직한 사람을 찾아봅시다"라고 말하는 것이 이상하지 않습니까? 교회 안에도 정직하다는 평판을 가지고 있지 못한 사람들이 있었던 것이 분명합니다!

훌륭한 평판, 즉 정직하다는 평honest report은 사도들이 원하는 것이었습니다. 다른 말로 하면 어떤 사람의 정직성과 성실성은 알아볼 수 있다는 말입니다. 이런 특성은 사람의 삶 가운데 보이고 눈에 뜨이기 마련입니다.

그들을 도울 일곱 사람을 선택하는데 제자들이 두 번째로 찾은 특성을 보십시오. "…성령으로 충만한 사람 일곱을 찾으라…"(행 6:3).

정직성을 알아 볼 수 있는 것과 같이 성령으로 충만하여 넘치는 것도 알아 볼 수 있습니다. 신자가 성령으로 충만하여 넘치게 되면 그들의 영은 열심이 있거나 성령으로 불이 붙어 있습니다.

사도들이 세 번째 찾은 특성은 지혜였습니다(3절). 그들은 정직하고 성령이 충만한 사람들이 필요했습니다. 특히 돈을 다루는 데 있어서는 더욱이 지혜가 없으면 그들이 선택한 사람들은 교회의 경영적인 면을 엉망으로 만들어 놓을 것입니다.

사도행전 6장의 이 구절이 로마서 12:11과 연관되어 있는 것을 주의 하십시오. "열심을 내어서 부지런히 일하며NOT SLOTHFUL IN BUSINESS, 성령으로 뜨거워진 마음을 가지고 주를 섬기십시오"(표준 새번역 개정판).

"일하는 데 게으르지 말라not slothful in business"는 말은 재정적인 일을 다루는 데 게으르지 말라는 말입니다.

이렇게 말하는 이유는 바로 어떤 그리스도인들은 재정적으로 엉망인 까닭입니다. 그들은 지혜가 없습니다. 신자들은 성령 세례를 받고도 여전히 지혜가 부족하여 재정 분야를 엉망으로 해 놓고 살아갈 수 있습니다.

사실 지혜가 없으면 당신은 영적으로, 정신적으로, 육체적으로, 재정적으로 문제에 빠져들게 됩니다. 지혜가 없으면 당신의 결혼 생활이나 다른 사람들과의 관계나 사역이나 직장에서 문제에 빠져들게 됩니다.

지혜가 없으면 당신의 삶을 향한 하나님의 계획을 성공적으로 따르고 이룰 수 없을 것입니다. 그러나 당신은 지혜가 부족할 필요가 없습니다. 성경은 믿음으로 하나님께 단순히 구하기만 하면 지혜를 가질 수 있다고 말하고 있습니다(약 1:5). 하나님은 우리에게 지혜를 주셔서 당신이 삶의 모든 분야에서 형통하기를 원하십니다.

우리는 사도행전 6:1-3에서 정직함과 지혜와 성령으로 충만한 상태는 눈에 보이고 알 수 있는 특성들이라는 것을 알았습니다. 다른 말로 하면 어떤 특성들이 성령으로 충만한 삶에는 따라오기 때문에 당신은 어떤 사람이 성령으로 충만하여 넘치고 있는지 혹은 그렇지 않은지 말할 수 있습니다.

성령 충만한 삶의 첫 번째 특성은 이것입니다. "시와 찬송과 영적인 노래들로 너희에게 말하고 너희 마음으로 주께 노래하며 곡조를 만들고"(엡 5:19). 성령으로 충만하면 당신은 광채를 유지하고 심령에 노래를 가지고 있을 것입니다. 만일 당신의 심령에 노래가 있으면 입으로 말하지 않을 수가 없습니다. 왜냐하면 성경은 마음에 가득 찬 것을 입으로 말한다고 말씀하고 있기 때문입니다(마 12:34; 눅 6:45).

에베소서 5:19이 "시와 찬미와 영적인 노래들로 너희에게 말하고…"라고 한 것을 주의하십시오. 성령의 기름부음으로 시와 찬송과 영적인 노래들로 말하는 것은 당신이 자신의 심령으로 heart 스스로에게 그리고 하나님께 하는 것입니다.

시편은 영적인 시거나 노래입니다. 운이 있기도 하고 없기도 하지만 시편에는 언제나 시적인 요소들이 있습니다. 구약 성경에는 하나님의 영으로 주어진 약 150개의 시편이 있습니다. 많은 시편들은 성령의 영감이나 예언의 은사를 통하여 시편 작자인 다윗에게 주어진 것입니다. 당신이 시편들을 주의해서 읽어 보면 많은 시편들이 어려운 환경에 처한 다윗을 격려하고 그의 유익을 위해 주어졌다는 것을 발견하게 될 것입니다.

이 시편들은 오늘날 우리에게도 유익이 됩니다(딤후 3:16). 다윗을 격려하기 위해서 주어진 시편들처럼 성령님은 당신을 위해서도 똑같은 일을 하실 것입니다! 시험과 시련 가운데 있는 당신을 위로하고 당신을 일으켜 세워서 당신이 광채를 유지할 수 있도록 하기 위해서 성령님은 당신에게 시를 주실 것입니다!

시와 찬송과 영적인 노래는 성령에 의해 당신에게 주어지는 초자연적인 말일 수도 있습니다. 이런 것들은 노래책에 적혀 있는 시, 찬송, 노래일 필요는 없습니다. 이에 관해 정말 진실을 말하자면 노래책에 적혀 있는 너무나 많은 노래들이 전혀 성령님이 주신 것이 아니라는 것입니다. 그런 노래들은 철저하게 성경적이지 않고 어떤 것들은 불신앙으로 가득 차 있습니다.

그러나 성령님께서 당신에게 주시는 시와 찬송과 영적인 노래들은 성령님께서 영감을 주었기 때문에 당신의 심령에 닿고 register on your heart, 당신의 혼에 은혜가 됩니다 minister to your soul. 당신은 자신도 모르게 당신의 입으로 시를 말하거나 노래하고 있을 것입니다.

말하지 않고는 성령으로 충만함을 받을 수 없다는 것을 보십시오.

술에 취하지 마십시오. 거기에는 방탕이 따릅니다. 성령의 충만함을 받으십시오. 시와 찬미와 신령한 노래로 서로 화답하며, 여러분의 가슴으로 주님께 노래하며, 찬송하십시오.

엡 5:18-19

그들 모두가 성령으로 충만하여 성령께서 그들에게 발설하게 하신 대로 다른 방언들로 말하기 시작하더라.   행 2:4

그러므로 베드로와 함께 온 모든 할례 받은 믿는 자들이 성령의 선물을 이방인들에게도 부어주심을 보고 놀라니 이는 그들이 방언으로 말하며 하나님을 높이는 것을 들음이라.

행 10:45-46

그러므로 계속해서 방언으로 말하고 하나님을 높이십시오! 시와 찬송과 영적인 노래로 자신에게 말함으로써 계속해서 성령의 충만함을 받으십시오. 이것은 당신을 향한 하나님의 뜻입니다.

광채를 유지하는 것은 당신의 영과 혼과 몸에 영향을 끼칩니다

만일 당신이 성령 충만한 삶을 유지한다면 이는 당신의 삶의 모든 영역에 엄청난 영향을 끼칠 것입니다. 물론 성령 충만한 삶을 유지하는 것은 당신에게 영적으로 영향을 끼치지만 또한 정신적으로도 영향을 끼칩니다. 당신이 성령으로 충만한 삶을 유지하면 당신은 생각하는 데 있어서도 더 예리하고 분명하게 될 것입니다. 성령으로 충만하여 넘치는 상태를 유지하는 것은 당신의 몸에도 영향을 끼칠 것입니다. 하나님의 영으로 계속 빛을 발하는 것은 당신을 향한 하나님의 뜻입니다!

어떤 사람이 육체적으로나 정신적으로 최고의 상태를 유지하고 있는지를 분별하는 것은 쉬운 일입니다. 예를 들면 어떤 사람이 건강 상태가 조금 안 좋으면 그는 원래의 자신이 아닌 것입니다. 그런 상태에서 그는 그가 원래 명철한 것만큼 명철하지 못합니다. 당신은 어떤 사람의 얼굴빛을 보고도 그가 피곤해 하는지 몸이 좀 안 좋은지 말할 수 있습니다.

영적인 건강 상태도 마찬가지로 분별할 수 있습니다. 사실은 어떤 사람의 영적 건강 상태는 그 사람의 몸의 건강 상태와 똑같이 분별할 수 있습니다. 영국에 살았던 오순절 운동의 개척자 중에 한 분이 자신이 가졌던 개인적인 경험으로 이 점을 설명하였습니다.

그가 영국에서 목사로 섬기고 있을 때의 일입니다. 그는 7년 만에 처음으로 선교지에서 고향으로 돌아온 한 사역자와 오랜만에 만나게 되었습니다. 그 선교사 친구가 배로 도착하게 되어서 그 목사님은 그 항구로 마중을 나갔습니다.

서로 인사를 나누고 나서 이야기를 시작하자마자 그 선교사는 이 목사님을 쳐다보면서 "자네 무슨 일이 있는가?" 하고 물었습니다.

"무슨 뜻으로 하는 말인가?" 하고 말하면서 그 목사님은 자신을 방어하기 시작했습니다. "아무 일도 없다네."

"자네 영적으로 좋은 상태가 아니야." 그 선교사가 대답했습니다.

나중에 이 목사님은 이렇게 생각했습니다. '그 선교사가 내가 무엇인가 잘못 되었다고 말했다. 무언가가 잘못 되었다는 얘기는 내가 영적으로 내가 있어야 할 곳에 있지 않다는 얘기인데 도대체 무엇 때문일까?'

그때 그는 자신의 영에서, 즉 그 속에 답을 가지고 있었습니다. 인구가 100만 명이 넘는 도시에서 그의 교회는 그 도시의 유일한 순복음 교회였습니다. 그런데 한 친구가 나타나서 그 도시에 순복음 교회를 세우고 사역을 시작하자 그가 이 사실에 대해서 화가 났던 것입니다.

자신의 교회에서 몇몇 사람들이 이 새 순복음 교회가 그들의 집에서 더 가까우므로 그 교회로 나가기 시작했습니다. 새로 온 목사가 자신의 영역을 침범했다고 생각했기 때문에 기존 교회의 이 목사는 이에 대하여 악의를 품기 시작했습니다.

그런데 인구 100만 명이 넘는 도시가 언제부터 그의 영역이 되었단 말입니까? 성경은 땅과 그에 충만한 모든 것이 어떤 목회자의 것이 아니라 주님의 것이라고 말씀하고 있습니다! 어떤 사람이 자기들이 살고 있는 도시에서 새로운 교회를 시작하면 더 많은 영혼을 하나님의 왕국으로 데려 올 수 있기 때문에 목회자들은 기뻐해야 마땅합니다!

내 말을 오해하지는 마십시오. 예를 들면 어떤 목회자가 다른 목회자의 교회에 가서 양 떼를 훔쳐서 같은 길가에 조금 떨어진 곳에서 다른 교회를 시작하는 것은 잘못된 것입니다. 이런 행위는 사랑으로 행하며 남을 나보다 먼저 대접하는 것이라고 할 수 없을 것입니다. 목회자들은 윤리를 가지고 있어야 하고 또한 서로 사랑으로 행해야 합니다.

그러나 한편으로는 반대편 극단에 빠질 수도 있습니다. 예를 들면 도시 전체의 인구가 100만 명이 넘는데 기존 교회의 목사는 그의 교회에 250명 정도의 교인들을 가지고 있는 경우입니다. 그 교회에서 일 마일 쯤 떨어진 곳에 새로운 교회가 개척되었는데도 기존 교회의 목사가 화가 나서 영적으로 그에게 나쁜 영향을 끼치는 경우입니다.

보다시피 당신의 영은 당신의 머리보다 영적인 것에 대해서 더 많이 알고 있습니다. 그의 심령으로 그 목사는 어디에서 하나님의 뜻을 놓쳤는지 알고 있었습니다. 그가 이 잘못을 깨달았을 때 그는 새로 온 목사에게 가서 그를 사랑하며 그와 그의 사역에 대하여 고맙게 생각하고 있다고 말했습니다. 그러고 나서 그 목사를 예배에 한 번 초청하였습니다. 그 후 그 기존 교회 목사는 하나님을 향해서 다시 불이 붙었습니다.

이와 같이 성령 충만한 삶을 유지하려면 성령 안에서 웃고 외치고 펄쩍펄쩍 뛰는 것 외에도 많은 것이 있습니다. 물론 이런 것들도 한 부분이지만 이런 것 외에도 훨씬 더 많은 것이 있다는 말입니다. 예를 들면 하나님의 영이 강력하게 나타나는 예배에서 당신은 은혜를 받을 수 있지만 그것이 바로 당신의 삶에서 모든 것이 영적으로 바로 되었다는 것을 의미하는 것은 아닙니다.

반짝이는 얼굴빛을 유지하는 것이 바로 당신의 영적인 건강을 유지하는 것입니다. 이것은 당신이 날마다 개인적인 일상생활에서도 성령으로 충만하여 넘쳐 흐르는 것을 포함하는 것입니다. 이것이 바로 바울이 "어리석은 자가 되지 말고, 주님의 뜻이 무엇인지 깨달으십시오 (지속적으로) 성령의 충만함을 받으십시오"(엡 5:17-18)라고 말한 의미입니다. 반짝이는 빛을 유지하십시오!

많은 그리스도인들이 하나님으로부터 어떤 구체적인 지시를 받으려는 데만 관심이 있는데 그들은 말씀대로 행하는 자가 되는 것을 잊어버립니다. 하나님으로부터 구체적인 지시를 받고 순종하는 것과 마찬가지로 하나님의 말씀대로 행하는 것도 하나님의 뜻입니다.

하나님의 말씀의 빛 가운데 걸어가기

예를 들면 하나님의 말씀은 우리에게 서로 사랑 가운데 행하라고 하십니다. 이 말은 사랑 가운데 행하는 것이 우리의 삶을 향한 하나님의 뜻이라는 말입니다. 성경은 우리가 사랑 가운데 행하지 않으면 우리가 빛 가운데 행하지 않는 것이라고 말씀하고 있습니다(요일 2:11).

그럼에도 불구하고 사랑 안에서 행하는 데 있어서는 얼마나 많은 그리스도인들이 잘못하여 하나님의 말씀의 빛, 즉 그분의 뜻 가운데 행하지 못하고 있는지요! 영적인 어둠 속에서 걸어가며 어디로 가고 있는지도 볼 수 없으면서 어떻게 하나님으로부터 구체적인 지시를 받고 그들의 삶을 향한 하나님의 계획을 따를 것을 기대할 수 있겠습니까!

나는 내 아내와 함께 50년 전에 목회하던 파머스빌 교회에서 경험했던 것을 기억합니다. 우리 오순절 계통에서는 이런 찬송가를 부르곤 했었습니다. "당신이 생각하기에 건널 수 없는 강이 있나요? 뚫을 수 없는 어떤 산이 있나요? 하나님은 불가능하다고 생각하는 것들의 전문가이지요. 하나님은 어떤 다른 능력으로도 할 수 없는 것을 하실 수 있죠."

파머스빌 교회에서 드리던 예배 중에 한 집사가 "내가 제일 좋아하는 노래를 부르세요"라고 외치자 모두 이 노래를 부르기 시작했습니다. 모든 사람이 찬송하는 동안 이 집사는 큰 소리를 외치며 기쁨으로 펄쩍펄쩍 뛰었습니다. 그는 얼마나 행복했는지 교회 장의자를 뛰어 넘을 뻔했습니다.

그런데 예배를 마치고 바로 집으로 가면서 그의 아내가 아들 중에 하나가 새 신이 필요하다는 것을 그에게 말했습니다. 그 말을 하자마자 그 집사는 즉시 폭발하였습니다. "당신은 내가 돈 만드는 기계인 줄로 알고 있소! 불과 몇 달 전에 신을 한 켤레 사주었지 않소!"

물론 그 집사는 한창 자라고 있는 아이는 발이 금방 더 커질 수 있다는 것을 고려하지 않고 있었습니다! 그 대신 그는 신경질 내며 아내에게 소리를 질러댄 것입니다.

"당신이 생각하기에 건널 수 없는 강이 있나요"라고 노래하면서 펄쩍펄쩍 뛰던 사람이 신발 한 켤레에 걸려 넘어진다는 것이 나에게는 놀라울 뿐입니다!

무슨 일이 일어난 것일까요? 그 집사는 사랑 안에서 행하지 않고 반짝이는 빛을 유지하지 못했습니다! 하나님의 뜻은 우리가 시와 찬양과 신령한 노래로 서로 말하며, 우리의 가슴으로 주님께 노래를 불러드림으로써 우리가 하나님과 교제를 유지하는 것입니다(엡 5:19). 이 말은 우리가 교회에 있을 때만 말하는 것이 아닙니다. 이 말은 우리가 어디에 있든지 심령의 태도를 이렇게 유지하라는 말입니다.

만일 당신이 성령으로 충만하다면 당신이 교회에 있든지 집에 있든지 직장에 있든지 어디에 있든지 당신의 심령에는 노래가 있을 것입니다. 이것이 성령 충만한 삶의 표지입니다.

> 항상 모든 일에 우리 주 예수 그리스도의 이름으로 하나님, 곧 아버지께 감사를 드리며　　　　　　　　　　엡 5:20

성령 충만한 삶의 또 다른 표지는 당신이 처한 환경이 어떻든지 상관없이 하나님께 대한 감사로 가득한 심령입니다.

> 모든 일에 감사하라. 이것은 그리스도 예수 안에서 너희에 관한 하나님의 뜻이니라.　　　　　　　　　　살전 5:18

어떤 사람들은 그들에게 어떤 나쁜 일이 일어날 때에도 하나님께 그 일에 대해 감사해야 한다고 생각하고 있습니다. 그렇지 않습니다. 당신은 마귀가 한 일에 대해서 하나님께 감사하지 않습니다. 그러나 시험과 시련 가운데서는 하나님께서 당신을 어떤 시험과 시련에서도 구원해 주실 것이란 것을 당신은 알고 있기 때문에 하나님께 감사를 드릴 수 있습니다. 시험과 시련 중에서라도 항상 하나님께 감사를 드리는 것은 당신의 삶을 향한 하나님의 뜻입니다.

성경은 우리가 투덜대거나 안달하거나 불평하지 않고 하나님께 감사하는 것이 우리를 향하신 하나님의 뜻이라고 말하고 있습니다. 만일 당신이 처한 환경에 대하여 투덜대고 불평을 한다면 당신이 믿음 안에 있지 않고 인생의 부정적인 쪽에 서 있다는 것을 의미하기 때문에 당신은 패배하게 될 것입니다. 그러나 당신이 하나님께 감사를 드리고 받은 복을 센다면 당신은 인생의 긍정적인 쪽에 서 있게 될 것이며 하나님께서는 당신을 위해서 일하실 수 있습니다.

> 나의 형제들아, 너희가 여러 가지 시험(다른 종류의 시험과 시련들)에 빠질 때면 그것을 모두 기쁨으로 여기라.   약 1:2

시험과 시련이 우리의 삶에 찾아 올 때 그것이 기쁨이라고 야고보가 말하고 있는 것이 아닌 것을 주의하십시오. 그는 이 모든 것을 기쁨으로 여기라고 말했습니다. 당신이 시험과 시련 가운데서도 그것들을 모두 기쁨으로 여기면 당신은 하나님께 대한 감사의 태도를 가지고 기뻐하기 시작하게 됩니다.

나는 젊은 침례교 청년으로서 이 말씀을 붙들었습니다. 나는 성령 세례에 관하여 모르고 있었지만 병 고침을 받고 죽기만을 기다리고 누워 있었던 침대에서 일어났습니다. 그리고 내가 갓 사역을 시작한 젊은 설교자였을 때 믿음의 엄한 시험을 통과할 즈음이었습니다.

한번은 할아버지의 농장을 방문하고 있었는데 기도하려고 건초를 저장하는 헛간에 들어갔던 것이 기억납니다. 그리고 거기서 나는 이 구절이 말하고 있는 것을 정확히 그대로 행했습니다. 나는 더할 나위 없이 기쁨으로 여겼습니다. 나는 반석이신 하나님의 말씀 위에 내가 서 있다는 것을 알고 있었습니다. 그래서 나는 마귀의 얼굴을 마주보면서 그냥 웃기 시작했습니다.

어떤 사람이 "웃을 기분이었습니까?"라고 물었습니다. 나는 웃고 싶지 않았습니다. 사실 울고 싶었습니다. 그러나 나는 믿음으로 웃기 시작했습니다. 왜냐하면 말씀에 의하면 승리는 내 것이라는 것을 나는 내 심령으로 알고 있었기 때문입니다.

그 당시에 나는 아무도 성령 안에서 외치거나 펄쩍펄쩍 뛰거나 춤을 추는 것을 본적이 없었습니다. 그러나 할아버지네 헛간 뒤에서 하나님을 찬양하는 동안 나는 바로 그렇게 했습니다! 나는 야고보서 1:2를 행동으로 옮긴 것입니다. 나는 하나님의 말씀이 진실인 것처럼 행동했습니다. 왜냐하면 하나님의 말씀은 진실이기 때문입니다. 나는 믿음 안에서 기뻐하며 더할 나위 없는 기쁨으로 여겼으며 승리를 얻은 것처럼 여겼습니다.

할아버지의 헛간 뒤에서 하나님을 찬양하고 있는 동안 나는 마귀에게 이렇게 말했습니다. "어서 네가 할 수 있는 모든 압력을 내게 가해 보아라. 압력이 세지면 세질수록 나는 더 하나님을 찬양하고 외칠 것이다." 나는 그 짐이 벗겨지고 원수의 압박이 떠나갈 때까지 하나님을 계속해서 찬양했습니다.

그 일이 있은 후 곧 나의 상황은 거의 순간적으로 호전되었습니다. 그러나 만일 내가 부정적인 쪽에 머물면서 내가 통과하고 있던 시험에 대해서 앓는 소리나 하고 불평이나 했다면 나는 그 특별한 상황 가운데서 하나님의 최선을 경험하지 못했을 것입니다.

이와 같이 교회에서 예배드릴 때 웃고 소리치고 뛰고 춤추는 것은 쉬운 일입니다. 그러나 정말로 성령으로 충만하면 당신은 성령에 의해 움직이게 되며 언제나 하나님으로 빛을 발하며 당신의 영에 뜨거움이 있습니다. 뿐만 아니라 당신은 어떤 상황이나 모든 환경 가운데서도 하나님께 감사할 수 있습니다.

만일 당신이 시험과 시련을 통과하고 있다면 당신은 그 시험 때문에 하나님께 감사를 드리는 것이 아닙니다. 바로 당신은 하나님의 신실하심을 증명하고 당신의 믿음을 사용하고 발전시킬 수 있는 또 하나의 기회를 가지게 되었기 때문에 감사할 수 있습니다.

> … 오직 성령으로 충만하라 … 하나님을 두려워함으로 서로 복종하라. 아내들아, 너희는 너희 자신의 남편에게 복종하기를 주께 하듯 하라. 엡 5:18, 21-22

성령 충만한 또 하나의 삶의 표지는 겸손입니다. 하나님께서는 우리가 항상 우리 자신의 방법만을 고집하게 만드는 거친 인격이 아니라 깨어진 마음과 온유함을 가지기를 원하십니다. 어떤 사람들은 다른 사람에게 복종하기를 힘들어합니다. 그러나 당신이 성령으로 빛을 내고 있을 때는 쉽습니다.

22절에서 "아내들아, 너희는 너희 자신의 남편에게 복종하기를 주께 하듯 하라"(엡 5:22)고 한 것을 주의해 보십시오. 바울은 아내와 남편과의 관계에 있어서 '복종하라submit'는 단어를 사용하고 있습니다. 그는 똑같은 단어를 21절에서 신자들이 서로 복종하라고 할 때도 사용하고 있습니다.

어떤 사람들은 에베소서 5:22를 문맥에서 따로 떼어 내어서 그 구절이 말하고 있지 않은 것을 말하려고 합니다. 예를 들면 어떤 친구는 내게 이렇게 말했습니다. "하나님을 송축합니다. 나는 내 가정의 머리다! 나는 아내에게 '당신은 내가 하라고 하는 것을 해, 안 그러면 죽여 버릴 테니까!' 라고 말했지."

이것이 성령으로 충만하여 넘치는 사람의 소리 같습니까? 아닙니다. 내가 우주인이 아닌 것이 분명한 만큼이나 이런 태도는 하나님으로 온 것이 분명히 아닙니다!

한번은 어떤 목사가 내게 이렇게 말했습니다. "나는 결코 금식을 하지 않습니다. 나는 금식을 할 수가 없습니다. 사실 나는 매일 집에서 점심을 먹으러 운전을 해 갑니다. 왜냐하면 나는 하루에 세끼의 따뜻한 식사를 해야 하기 때문입니다. 내가 집에 도착했을 때 내 아내가 식사를 준비해 놓지 않으면 아내는 큰 값을 치를 각오해야 합니다."

저 친구야말로 구원을 받아야겠다고 나는 혼자 생각했습니다. 이 목사는 그의 삶에 대한 하나님의 부르심에 응하여 심지어 하나님께서 그를 부르신 그 사역을 하고 있을 수도 있습니다. 그러나 그는 영에 뜨거움이 없고 사랑 안에서 행하고 있지 않기 때문에 그는 그의 삶을 향한 하나님의 계획을 전심으로 따르고 있는 것이 아닙니다.

성령으로 충만한 삶을 유지하는 것은 당신의 삶의 모든 영역 즉 영, 혼, 몸에 영향을 끼치게 될 것이라고 앞에서 말씀드렸습니다. 반면에 성령으로 충만한 상태를 유지하지 못하는 것도 당신의 삶의 모든 영역에 부정적인 영향을 끼치기 마련입니다.

예를 들면 이 목사는 스스로를 판단하지 않다가 젊은 나이에 죽었습니다. 그것은 하나님의 뜻이 아니었지만 그는 말씀의 빛 가운데서 걷지를 않았고 스스로를 판단하지 않았습니다. 성경은 "우리가 스스로 살피면 심판을 받지 않을 것입니다" (고전 11:31)라고 말씀하고 있습니다.

성경은 아내들이 남편들에게 주님께 하듯이 복종해야 한다고 말씀하고 있습니다(엡 5:22). 뿐만 아니라 성경은 신자는 서로 복종해야 한다고 말씀하고 있습니다(21절). 이 말은 우리가 서로에게 두목이 되어야 한다는 뜻입니까? 아닙니다. 에베소서 5:22은 남편이 그의 아내에게 두목 노릇을 하며 아내를 거칠게 대하라고 말씀하고 있는 것이 아닙니다.

하나님은 우리가 가르침을 받을 수 있는 상태에 있기를 바라십니다 God Wants Us To Be Teachable

'복종하다'란 단어는 단순히 서로에게 양보한다to give in to one another는 말입니다. 육신적인 입장에서 보면 때로는 실천하기 어려워 보이기도 합니다. 그러나 당신이 성령으로 충만하여 그 빛남을 유지하고 있으면 당신의 뜨거운 영은 육신을 당신의 영의 지배 아래 두기 쉽게 하기 때문에 복종하기가 쉽습니다.

이것이 당신의 삶을 위한 하나님의 뜻입니다. 당신이 당신의 육신을 당신의 영에 복종시키면 당신의 삶을 위한 하나님의 구체적인 뜻과 방향이 당신에게 점점 더 분명하게 될 것입니다.

어떤 그리스도인들은 서로 복종하지를 못하고 쉽게 기분이 상합니다. 예를 들면 어떤 신자들은 어떤 목사가 말씀을 설교하거나 가르치는 것에도 기분이 상합니다.

어떤 사람들은 기분이 상한 나머지 교회를 떠나기도 합니다. 그러나 우리는 서로 복종해야 하고 또 말씀에 복종할 필요가 있습니다! 우리는 가르침을 받을 수 있는 태도를 유지할 필요가 있습니다.

겸손은 성령 충만한 삶의 하나의 표지입니다. 겸손함과 가르침을 받을 수 있는 영이 없으면 당신의 삶을 향한 하나님의 계획을 이루는데 영적으로 당신 자신이 방해를 하게 됩니다. 나는 55년이 넘도록 사역을 했는데 방언을 말하는 그리스도인들 가운데에도 가르침을 받을 수 없는 사람들이 그렇게 많다는 것이 내게는 놀라울 뿐입니다.

그들은 자신들이 방언을 말한다는 사실을 자랑합니다. 그들이 방언을 말해서 나는 기쁩니다. 그러나 말하자면 그들 중의 너무나 많은 사람들이 하나님께로 들어와서 하나님과 함께 걸어가야 하는 데도 바로 문 앞에서 멈추어 선 것입니다.

우리는 서로 성경의 모든 작은 것까지 다 동의하지 않을 수 있습니다. 그러나 우리는 서로를 향하여 바른 태도, 즉 바른 영을 유지하고 서로에게 복종할 수는 있습니다. 물론 사람들이 교리적으로 벗어나서 잘못될 때는 우리는 사랑의 태도를 가지고 단호하게 진리의 편에 서야 합니다.

그러나 우리는 '레모네이드를 마시는 것이 죄인가?' 같은 작은 문제나 질문을 가지고 논쟁을 해서는 안 됩니다. 이런 질문은 좀 극단적인 것 같지만 실제로 사람들이 이런 질문을 했었습니다. 이런 질문들은 이론적으로 곁길로 빠지게 할 뿐입니다. 다른 말로 하면 이런 것들은 사람의 구원에 조금도 영향을 끼치지 않는다는 것입니다.

그 빛남을 유지하는 것이 바로 당신의 영적인 생활을 유지하는 것이라고 앞에서 말했습니다. 성령으로 충만한 강한 영적인 삶을 유지하는 한 방법은 기도를 통해서 하나님과 친밀한 교제를 유지하는 것입니다.

그때 그들이 베드로와 요한이 담대하게 말하는 것을 보자 배우지 못한 무식한 사람들로 알았다가 놀라며 그들이 예수와 함께 있었다는 사실을 깨닫더라. 또 치유를 받은 그 사람이 사도들과 함께 서 있는 것을 보고 그 일에 대하여 반박할 말이 없는지라. 그들에게 공회 밖으로 나가라고 명령한 후 서로 의논하여 말하기를 "우리가 이 사람들에게 어떻게 해야 할까? 실로 그들을 통해서 행해진 뚜렷한 기적이 예루살렘에 사는 모든 사람에게 알려졌으니 우리도 부인할 수 없는 일이라. 그러나 더 이상 백성 가운데 확산되지 못하게 그들을 엄히 위협하여 이후로는 아무에게도 이 이름으로 말하지 못하게 하자" 하고… 행 4:13-17

사도들이 풀려난 후에 동료들에게 가서 대제사장들과 장로들이 그들에게 말한 바를 모두 이야기하니 그들이 그 말을 듣고 다같이 하나님께 음성을 높여 아뢰기를… 행 4:23-24

"이제 주여, 그들의 위협함을 살피시어 주의 종들로 담대하게 주의 말씀을 선포하게 하시고 주의 손을 펴시어 병을 낫게 하시며, 또 표적들과 이적들이 주의 거룩하신 아들 예수의 이름으로 일어나게 하소서" 하더라. 그들이 기도를 마치자 그들이 함께 모여 있는 곳이 진동하더니 그들이 모두 성령으로 충만하여 담대하게 하나님의 말씀을 선포하더라.　　행 4:29-31

이 구절들은 사도행전 2장에서 성령의 선물을 받고서 성령이 그들에게 말하게 하심을 따라 방언으로 말하기를 시작했던 바로 그 사람들에 관하여 말하고 있습니다(행 2:4).

그러나 사도행전 4:31을 주의해 보십시오. "그들이 기도를 마치자 그들이 함께 모여 있는 곳이 진동하더니 그들이 모두 성령으로 충만하여 담대하게 하나님의 말씀을 선포하더라." 그들은 이미 사도행전 2장에서 성령으로 충만함을 받았지만 하나님께서는 그들이 충만함을 받은 상태를 지속적으로 유지하기를 원하셨습니다.

사도행전 4장에서 그 장소가 흔들리고 그들 모두 성령으로 충만함을 받았을 때 어떤 일이 일어났는지 주의해 보십시오. "…그들은 담대하게 하나님의 말씀을 선포했습니다"(31절).

만일 당신도 성령 충만한 삶을 유지하기 원한다면 기도를 통해서 담대한 영을 유지하십시오. 그리고 나서 하나님의 말씀과 당신의 삶을 향한 하나님의 계획, 즉 그분이 당신의 심령에 하라고 두신 것에 대해 절대적인 순종을 유지하십시오.

하나님의 뜻을 이루는 데는 순종과 헌신이 따릅니다

당신의 삶을 향한 하나님의 계획 전부를 모두 단 한 번에 이루게 되지는 않을 것입니다. 당신의 삶을 향한 하나님의 계획을 이루는 것은 당신이 그분께서 매일 당신이 하기를 원하시는 것을 알고 순종과 성실함으로 그 빛 안에서 행하며 한 발짝 한 발짝 걸어가는 길입니다. 아주 작은 것일지라도 매일 하나님과 그분의 말씀에 순종하는 것은 당신이 성령 충만한 삶을 유지하는 데 도움이 될 것입니다.

뿐만 아니라 성령 충만한 삶을 유지하기 원한다면 당신은 하나님께 대한 헌신의 태도를 유지해야만 합니다.

오늘날 은사주의 사람들 가운데 가장 부족한 것이 있다면 그것은 바로 헌신과 성결에 대한 가르침일 것입니다. 하나님의 뜻을 행하기 위해 당신 자신을 드리고 거룩하게 하는 것은 지속적인 과정입니다. 다른 말로 하면 당신은 하나님의 뜻을 행하기 위해 자신을 단 한 번 헌신하고 다시는 그것에 대해 생각하지 않는 것이 아닙니다.

주님께서 당신이 무엇을 하기 원하시는지 항상 구체적으로 정확히 알지는 못할 수도 있습니다. 그러나 당신은 주님께서 원하는 것이면 항상 기꺼이 무엇이든지 하고 어디든지 가려고 해야 합니다. 주님이 원하는 것은 무엇이든지 당신이 기꺼이 하려고 하지 않는다면 당신의 삶을 향한 하나님의 계획을 따를 수 없을 것입니다.

1941년 나와 내 아내는 내가 목사로 섬기던 파머스빌 교회를 너무 일찍 사임하고 떠났습니다. 다른 말로하면 우리는 하나님의 뜻이 아닌데 떠났던 것입니다. 그 후 2년 동안 나는 순회 집회 사역자로 일했는데 하나님은 우리에게 파머스빌 교회에서 하라고 맡기셨던 영적인 일을 마무리하라고 그곳으로 되돌려 보내셨습니다.

두 번째로 우리가 그곳에 있는 동안 우리는 우리가 첫 번째 그곳에 있었을 때 마쳤어야했을 일을 끝냈습니다. 마침내 하나님께서 우리에게 떠나라고 하시는 날이 와서 우리는 순회 사역을 다시 하게 되었습니다.

그 후에도 나에게는 그 파머스빌 교회로 돌아가야 된다는 생각과 씨름하던 기간이 있었습니다. 가끔 나는 한 겨울에도 새벽 서너 시경에 침대에서 나와서 기도하곤 했습니다. 하나님께서 내가 그 교회에 세 번째로 돌아가는 문제를 다루고 있다고 나는 느꼈습니다.

"안 됩니다, 하나님." 나는 항의하면서 말했습니다. "나는 세 번씩이나 그곳으로 돌아가고 싶지 않습니다."

보통 때 나는 잠자리에 들면 머리가 베개에 닿자마자 잠이 드는 사람입니다. 그러나 나는 몇 주 동안 파머스빌로 돌아가는 문제를 가지고 씨름을 하며 잠을 설친 밤이 많았습니다.

마침내 나는 항복하고 이렇게 말했습니다. "주님, 좋습니다. 주님께서 제가 파머스빌로 돌아가기를 원하신다면 돌아가겠습니다." 내가 이렇게 말했을 때 나는 마치 어떤 사람이 실제로 그 방에 있었던 것처럼 분명하게 주님의 음성을 들었습니다. 주님은 이렇게 말씀하셨습니다. "나는 네가 파머스빌로 돌아가기를 원하지 않는다. 나는 다만 네가 기꺼이 가려고 하는지를 알고 싶었을 뿐이다."

나는 속으로 혼자 생각했습니다. 오, 주님, 그런 걸 가지고 왜 내가 그렇게 오랫동안 싸웠던가요? 그 교회 목사로 섬기지 않으려고 내가 기도했던 수많은 시간들을 생각해 보십시오. 처음에 하나님께 기꺼이 순종했더라면 그 많은 걱정을 하지 않아도 되었을 것을!

그러고 나서 주님은 나를 놀라게 한 다른 말씀을 하셨는데 당신도 주의해서 들으면 큰 유익이 될 것입니다. "아들아, 네가 그 교회로 기꺼이 돌아가려고 하지 않으면 나는 내가 너를 사용하기를 원하는 다른 곳에서도 너를 사용할 수 없단다."

만일 내가 파머스빌에 있는 그 교회로 기꺼이 돌아가려고 하지 않았더라면 하나님께서는 오늘날 나를 사용하고 계신 것처럼 나를 사용하실 수 없었을 것입니다. 이제 알겠지만 당신은 하나님이 당신에게 원하는 것은 무엇이든지 기꺼이 하려고 해야 합니다. 그렇지 않으면 하나님은 당신을 전혀 사용할 수 없으십니다.

   당신의 삶을 향한 하나님의 계획을 따르려면 가끔 당신은 당신이 원하지 않는 어떤 일도 해야만 합니다. 그렇지만 당신이 그분의 말씀의 빛 가운데 행하며, 기도하는 마음으로 순종하고 헌신되어 있으면서 한 걸음 한 걸음 하나님께 순종하면 당신은 하나님의 영으로 빛을 반짝이며 마침내 당신의 삶을 향한 하나님의 계획을 이루게 될 것입니다.

03

하나님의 계획에 헌신함

그때에 예수께서 그들과 함께 겟세마네라 하는 곳에 가서, 제자들에게 말씀하시기를 "내가 저쪽에 가서 기도할 동안 너희는 여기 앉아 있으라"고 하시며 베드로와 세베대의 두 아들을 데리고 가서 슬퍼하며 심히 괴로워하기 시작하시더라. 주께서 그들에게 말씀하시기를 "내 혼이 심히 슬퍼 죽을 지경이라. 너희는 여기서 기다리며, 나와 함께 깨어 있으라" 하시고 조금 가시다가 얼굴을 땅에 대고 기도하며 말씀하시기를 "오 나의 아버지시여, 가능하시거든 이 잔을 내게서 지나가게 하옵소서. 그러나 내가 원하는 대로 하지 마옵시고 아버지께서 원하시는 대로 하옵소서" 하고 제자들에게 돌아와 그들이 자고 있는 것을 보시고 베드로에게 말씀하시기를 "너희가 나와 함께 한 시간도 깨어 있을 수 없더냐? 너희가 시험에 들지 않도록 깨어 기도하라. 참으로 영은 원하지만 육신이 연약 하도다"라고 하시더라. 다시 두 번째로 가셔서 기도하며 말씀하시기를 "오 나의 아버지시여, 내가 마시지 않고는 이 잔이 내게서 지나갈 수 없다면 아버지의 뜻대로 하옵소서"라고 하시고

마 26:36-42

마태복음 26장에서 우리는 주 예수 그리스도께서 기도하는 삶 가운데 헌신의 기도를 하시는 것을 볼 수 있습니다. 이 말씀들은 예수님께서 아버지의 뜻을 행하기 위해서 자신을 구별하여 드리는 헌신의 모습을 우리에게 보여주고 있습니다. 겟세마네 동산에서 예수님께서 "…할 수 있거든 이 잔이 내게서 지나가게 하소서…"라고 기도하셨을 때 예수님은 무엇을 말씀하고 계신 것일까요?(마 26:39)

예수님은 자기 앞에 십자가가 놓여 있는 것을 아셨습니다. 그분은 우리를 대신하여 자신이 죄에 대한 희생제물이 되려고 한다는 것을 알고 계셨습니다(히 9:26).

모든 시대를 거쳐서 인간이 범한 모든 죄들 – 모든 부도덕함, 방탕함, 살인, 증오 – 를 생각해 보십시오! 성경은 예수님께서 우리를 대신하여 죄가 되심으로 우리로 하여금 그 안에서 하나님의 의가 되게 하려고 하셨다고 말씀하고 있습니다

(고후 5:21). 그러나 겟세마네 동산에서 십자가를 지러 가게 되는 것을 아시고, 그 흠도 없고 순수하신 하나님의 아들은 모든 인류의 죄를 짊어지는 것과 하나님으로부터 분리되는 경험을 예측하시고 뒤로 물러서셨습니다.

그 최후의 시간이 가까워 오자 예수님은 슬퍼하시며 죽을 지경이었습니다(마 26:38; 막 14:34). 예수님께서는 자신이 세상에 오신 이유가 인류를 위해 대신 죽는 것이라는 것을 알고 계셨지만 그분은 다가오는 것으로부터 물러서려는 유혹과 싸우며 "할 수 있거든, 이 잔이 내게서 지나가게 하소서!"라고 기도하셨습니다.

겟세마네 동산에서 예수님께서 기도하실 때 성경은 그분이 그 십자가로부터 물러서려는 유혹과 씨름하실 때 많은 피를 흘리듯이 땀을 흘렸었다고 말씀하고 있습니다(눅 22:44). 예수님께서도 자신을 향한 하나님의 계획을 이루는 것이 쉬운 일이 아니었습니다. 실제로 세상의 죄를 위해 십자가에 못 박히러 가는 것은 마시기에 쓴 잔이었습니다.

그러나 예수님은 이 값을 치르는 결과는 인류의 구원이라는 것을 아시고 자기 앞에 놓인 기쁨을 인하여 아버지의 뜻에 항복하셨습니다(히 12:2). 예수님께서는 "…오, 나의 아버지시여, 내가 마시지 않고는 이 잔이 내게서 지나갈 수 없다면 아버지의 뜻대로 하옵소서"라고 말씀하시며 자신을 구별하여 드리는 헌신의 기도를 하셨습니다(마 26:42).

예수님께서 겟세마네 동산에서 하신 것과 그분의 지상의 사역을 통하여 하신 것처럼 자신들의 삶을 향한 그분의 계획을 수행하기 위하여 자신들을 전적으로 구별하여 드리고 헌신할 신자들을 하나님은 찾고 계십니다. 주님의 눈은 온 땅을 두루 살피시며 그 심령이 하나님께 온전히 헌신된 사람을 찾고 계십니다(대하 16:9). 하나님께서는 예수님께서 하신 것처럼 "아버지, 나의 뜻대로 마옵시고 당신의 뜻대로 하옵소서"라고 말할 신자들을 찾고 계십니다.

뿐만 아니라, 예수님께서 이 기도를 한 번만 하지 않으신 것을 주의해 보십시오. 그분은 실제로 똑같은 기도를 세 번이나 하셨습니다(마 26:39, 42, 44).

헌신하는 기도는 믿음의 기도처럼 한 번만 하는 기도가 아닙니다. 헌신하는 기도는 당신의 삶을 통하여 평생 드리는 기도입니다. 그것이 무엇이든지 주님의 뜻에 자신을 항복하고 구별하여 헌신하는 태도를 지속적으로 유지하기만 한다면 당신은 당신의 삶을 위한 하나님의 계획을 따를 수 있을 것입니다.

헌신하는 것이 신자들에게 부족합니다

오늘날 그리스도인들 가운데는 하나님의 뜻을 행하려고 하는 깊은 헌신이 부족한 듯합니다. 최근에 나는 50년 전에 순복음 계통에서 내가 경험했던 것과 오늘날의 그것과의 차이에 대해서 생각을 하고 있었습니다. 그 당시와 지금의 순복음 계통의 신자들을 비교해 볼 때 나는 50년 전에는 성령 충만 받은 그리스도인들 가운데 오늘날과 같이 많이 아픈 사람이 없었다는 것을 알 수 있었습니다.

집회 중에 우리가 경험하곤 했던 대단한 성령의 나타남을 나는 아직도 기억하고 있습니다. 성령님의 역사도 그 당시에는 오늘날에 비해서 훨씬 크고 좀더 지속적으로 나타났었습니다. 내가 이 문제를 생각하고 있는데 하나님의 영이 내 영에게 말씀하셨습니다. "맞다. 내 백성의 헌신도 역시 훨씬 더 컸었다."

이 말씀이 여러분의 영에 깊이 배이도록 하십시오! 우리가 하나님께 순종하려고 자신을 구별하여 드리기로 할 것인가 순종하지 않을 것인가는 우리들의 삶의 나머지 모든 다른 분야에까지 영향을 끼칩니다.

나는 주님께서 내게 말씀하신 진리를 철저하게 확신합니다. 신자들의 헌신이 50년 전에는 오늘날 보다 훨씬 더 깊었습니다. 하나님과 관계된 것들과 성령님의 역사에 대한 신자들의 감사와 경외심도 역시 더 깊었습니다. 그 결과 하나님께서는 그의 백성들에게 엄청난 성령의 나타나심을 주심으로써 헌신과 경외함을 존중해 주셨습니다.

오늘날 신자들은 하나님께 대하여 더 큰 헌신이 필요합니다. 1940년대에 내가 목사로 섬기던 교회에서 우리는 거의 모든 예배 때마다 예배 후에 강단 주변에 모여서 기도하곤 했습니다. 우리는 자주 옛날 찬송가 "너의 모든 것을 주의 제단 앞에 모두 바쳤느냐"역자 주: 한국 찬송가 361장, Elisha Albright Hoffman 작곡 를 부르곤 했었습니다. 우리는 이런 찬송가를 더 이상 그때처럼 자주 부르지 않지만 오늘날 많은 사람들은 이런 종류의 성경적인 옛날 찬송가의 메시지에 귀를 기울일 필요가 있습니다.

많은 신자들이 제단 위에 얼마만큼은 기꺼이 바치려고 하지만 모두 다 바치려고는 하지 않는 것 같습니다! 그러나 자기들의 뜻 대신에 하나님의 뜻을 행하려고 자신을 전적으로 구별하여 드리지 않았기 때문에 그들의 삶을 향한 하나님의 계획은 방해를 받고 그들은 그분의 복 가운데 많은 것을 받을 수 없게 됩니다.

목회자들은 헌신에 관해서 잘 가르쳐서 사람들의 심령이 감동을 받아서 모든 것을 하나님께 항복하여 바치도록 하고 또한 자신을 구별하여 그들의 삶을 향한 하나님의 계획을 전적으로 따를 수 있도록 하게 할 필요가 있습니다.

당신 자신이 주님께 어떻게 헌신되어 있는지 깊이 생각해 보십시오. 당신의 심령으로부터 "주님, 나는 주님이 내게 하라고 하시는 것은 무엇이든지 하겠습니다. 주님이 가기 원하시는 곳은 어디든지 가겠습니다. 주님께서 머물라고 하시면 내가 있는 곳에 머물러 있을 것입니다. 주님께서 나를 어디로 인도하시든지 관계없이 나는 다른 사람들에게 예수 그리스도의 기쁜 소식을 전하겠습니다"라고 말할 수 있는지 없는지 깊이 생각해 보기 바랍니다.

보시다시피 당신은 하나님께서 하라고 하는 것은 무엇이든지 기꺼이 하려고 할 필요가 있습니다. 당신은 당신의 남은 생애 동안 매일 하나님께 순종하고 그분의 뜻을 행하는 데 자신을 온전히 드릴 필요가 있습니다.

열여섯 나이에 거듭난 이후 나는 주님께 전적으로 구별하여 드리는 것의 중요성을 이해하고 있었습니다. 나는 반세기가 넘도록 그리스도인으로 살았지만 나는 50년도 전에 기도했던 것과 똑같이 구별하여 드리는 기도를 아직도 하고 있습니다. 나는 지금도 "주님, 나는 주님이 가라고 하시는 곳은 어디든지 가겠습니다. 주님이 내가 아프리카로 가기를 원하시면 나는 가겠습니다. 주님께서 내가 지금 있는 곳에 머물기를 원하시면 나는 머물겠습니다. 나는 주님이 내게 하라는 대로 할 것입니다"라고 기도하고 있습니다.

'절대 안 돼'라고 절대로 말하지 마십시오

이 말은 내가 하나님께서 내가 하기를 바랐던 것에 내가 완전히 헌신하여 한 번의 실수도 없었다는 뜻이 아닙니다. 내가 아직 젊은 목회자였을 때 한 번은 성경 사경회에 참석했던 것이 기억납니다. 어떤 특별한 교회에 대해서 다른 목사님들과 이야기를 하다가 나는 "내가 한 마디 하겠는데 나는 그런 교회의 목사는 절대로 하지 않겠습니다"라고 말해버렸습니다.

2년도 채 안 되어서 내가 무엇을 하고 있었는지 짐작해 보십시오! 나는 내가 결코 그런 교회의 목사는 안 하겠다고 말했던 그 교회에서 목사로 섬기고 있었습니다!

이 일을 통하여 나는 좋은 교훈을 배웠습니다. 내가 기꺼이 하고 싶어 하지 않는 그 일이 바로 하나님께서 그분의 지혜 가운데 내가 해야 할 필요가 있는 바로 그것일 수도 있다는 것을 나는 배웠습니다.

보시다시피 하나님의 생각은 우리의 생각보다 높습니다(사 55:9). 그분의 길은 우리의 길 위에 있습니다. 주님은 그림 전체를 보고 계십니다. 그러므로 이것은 하나님께서 우리에게 가장 좋은 것이 무엇인지 알고 계시다는 것에 대한 신뢰의 문제입니다.

이런 경험을 한 후에 나는 "주님, 내게 그것만 빼놓고 어떤 것이든지 하라고 하십시오. 그것만은 나는 결코 하지 않을 것입니다"라고 다시는 말하지 않기로 작정했습니다. 그리고 나는 하나님 앞에 늘 나의 심령을 구별하여 드리려고 노력해 왔습니다.

나는 이와 똑같은 교훈을 배웠던 레마의 첫 번째 졸업생 중 한 사람을 기억하고 있습니다. 졸업하기 전에 이 사람은 사람들에게 자기는 절대로 목회를 하지 않을 것이라고 말했습니다. 그는 레마에서 일년 내내 사람들에게 하나님께서 자기를 복음 전하는 자로 부르셨다는 것을 확신시켰습니다.

그러나 첫 졸업생들의 졸업식 때 내가 이 레마 학생에게 손을 얹었을 때 나는 주님으로부터 그에 대한 말씀을 받았습니다. 나는 "자네는 결코 목회를 하지 않겠다고 말했었지. 그런데 자네는 목회를 하게 될 거야"라고 말하면서 성령 안에서 웃기 시작했습니다.

그러고 나서 나는 그의 부인에도 손을 얹었는데 나는 성령의 기름부음으로 말미암아 "너도 목회자의 아내는 결코 안 될 것이라고 말했지. 그러나 너는 목사의 아내가 될 것이다. 너는 목사의 아내가 된 것을 너무나 만족해서 목사의 아내가 된 것을 기뻐하게 될 것이다!"라고 그녀에게 말했습니다.

졸업하고 나서 얼마 되지 않아서 그는 그가 가야 할 주님의 다음 걸음에 관해 기도하면서 시골 길을 운전하고 있었습니다. 그때 하나님의 영이 그에게 말씀하셨습니다. "지금 바로 집으로 돌아가거라. 삼십 분 이내에 어떤 사람이 네게 전화를 해서 오클라호마에 있는 작은 도시에 있는 교회의 목사로 오라고 요청할 것이다."

그는 즉시 집으로 차를 몰았습니다. 집에 도착해서 조금 있으니까 전화가 울렸습니다. 주님께서 말씀하신대로 전화하는 그 사람이 이 레마 졸업생에게 그 작은 도시에 있는 그 교회에서 목사로 섬겨달라고 요청했습니다. 그 레마 졸업생은 하나님께 순종하여 그 제안을 받아들였습니다.

이 사람과 그의 아내는 목회하기 시작하였고 그들의 순종으로 복을 받았습니다. 그들은 그들이 결코 하지 않을 것이라고 말했던 그것일지라도 하나님의 뜻에 순종함으로써 그들은 만족하였고 기쁨으로 충만했습니다.

하나님을 위해서는 무엇이든지 기꺼이 하려고 하십시오

　무엇이든지 하나님께서 하라고 말씀하시는 것을 당신이 기꺼이 하려고 하는 것은 너무나 중요합니다. 하나님께 순종하기를 꺼리는 것은 당신의 삶에서 하나님의 계획을 이루는데 방해가 되거나 지연시키게 됩니다. 이 말의 진실성은 전국적으로 알려진 순복음에 속해 있는 전도자에 관해서 내가 한 번 들었던 간증에서도 볼 수 있습니다.

　이 복음 전도자는 열세 살 때 거듭났고 성령의 충만을 받았다고 했습니다. 그 당시에 그는 자신의 삶을 하나님의 사역으로 부르시는 부르심을 느꼈었다고 했습니다. 그러나 그 복음 전도자는 새로운 그리스도인으로서 그가 부르심에 응답하면 하나님께서 그를 아마도 중국으로 가라고 하실까봐 두려워했습니다. 그는 마음으로 생각하기를 중국이야말로 자신이 정말 가기 싫은 곳이었습니다.

　이 젊은이는 수년 동안 하나님께서 자신을 중국으로 보내는 것을 생각하며 갈등했습니다. 그는 하나님께서 하실 말씀을 듣지 않으려고 하나님께로 가까이 가는 것을 의도적으로 기피했습니다. 그 결과 그는 영적으로 성장하지 못하였고 마침내 수년 동안 하나님의 뜻을 벗어나서 타락한 상태로 방황하며 보냈습니다. 왜냐하면 그가 한 가지 기꺼이 하기 싫은 것이 있었는데 그것은 바로 중국의 선교사로 가는 것이었습니다.

하나님으로부터 도망하여 살던 수년 동안 여러 번 이 젊은이는 교회에 갈 때면 강단 앞에 나가서 일시적으로 하나님께 다시 자신을 드리기도 했었습니다.

이와 같이 누구나 일시적으로는 주님께 순복할 수 있습니다. 그가 기도할 때는 정말 진실로 그렇게 했을 것입니다. 그러나 진짜 시험은 그가 강단에서 일어나서 그가 하기 싫어하는 어떤 일을 하라고 하나님께 순종하기를 요구받았을 때 옵니다. 만일 그가 피상적으로 주님께 순복했었다면 그는 방금 헌신하기로 했던 것으로부터 물러나서 그가 살면서 하고 싶었던 것을 계속하게 됩니다.

이 젊은이가 거의 30세 쯤 되었을 때 부흥회에 참석한 어느 날 밤 그는 하나님께 자신의 삶을 재헌신하려고 강단 앞으로 나갔습니다. 이번에는 어떤 희생을 의미하든지 그는 주님을 섬길 것을 진지하게 생각했습니다.

젊었을 때 자신에게 일어났던 일을 회상하면서 이 복음 전하는 자는 이렇게 말했습니다. "하나님과 교제가 회복되자마자 나는 전임 사역자로 하나님께서 부르신 것에 응답을 할 것인지 말 것인지 다시 대면하게 되었습니다."

이와 같이 하나님의 부르심은 이 젊은이가 하나님으로부터 도망하여 살던 모든 세월동안 그의 삶 가운데 있었던 것입니다. 왜냐하면 하나님의 은사와 부르심은 결코 취소되지 않기 때문입니다(롬 11:29). 하나님께서는 그가 자신의 삶을 그에게 완전히 드리기를 기다리고 계셨습니다.

　그 복음 전도자는 계속해서 말했습니다. "이번에는 나는 두 손을 다 들고 외쳤습니다. '좋습니다. 주님, 나는 항복합니다! 주님께서 내가 중국에 가기를 원하시면 가겠습니다! 주님이 내가 가기 바라는 곳이면 어디든지 가겠습니다. 그러나 내 뜻대로 마시고 주님의 뜻대로 하십시오.' 그 즉시 나는 주님의 음성을 들었습니다. 너무나 큰 소리여서 나는 거기 있는 모든 사람들이 들은 줄로 생각했습니다. '나는 네가 중국에 가기를 원하지 않는다. 나는 단지 네가 기꺼이 가려고 하는 것을 바랄뿐이다.'"

　한 번 온전히 하나님께 항복하고 나서 그는 미국의 대표적인 복음 전하는 자들 중 한 사람이 되었습니다. 이와 같이 그도 하나님이 원하는 곳이면 중국까지라도 가서 복음을 전하는 자가 되려고 기꺼이 순종하지 않았더라면 그는 하나님이 부르신 미국에서 복음 전하는 자가 될 수 없었을 것입니다.

　이것은 우리 각 사람의 삶에도 마찬가지입니다. 우리 삶의 모든 분야에서 그분께 기꺼이 복종할 때만 우리는 온전한 하나님의 계획과 우리의 삶에 대한 그분의 온전한 기름부음과 축복을 경험할 수 있을 것입니다.

이와 같이 하나님은 우리가 그분의 뜻에 완전히 순복하기를 원하십니다. 하나님은 우리가 어떤 한 분야에서 그분께 기꺼이 순종하려고 하지 않는 때를 아시며, 기꺼이 순종하지 않는 태도는 우리 삶의 다른 분야에 영향을 끼치고 마침내 우리가 그분께서 우리 앞에 놓으신 경주를 달려가는 데에 방해가 될 것입니다.

내가 오늘날 하고 있는 거의 모든 것들이 하나님께서 그것에 관해서 처음으로 내게 말씀하셨을 때 나의 자연스런 마음으로는 원하지 않던 것이었습니다. 한 번은 설교하는 것도 하고 싶지 않았었습니다!

내가 어린 소년으로서 구원받기 전에 나는 법률가가 되고 싶었습니다. 여러분이 나의 설교나 가르침에서 눈치를 챘었는지 모르겠지만 나는 자주 변호사가 자기 사건을 변호하듯이 오직 성경 말씀을 가지고 변호합니다. 내가 일부러 그러는 것이 아니고 이것은 나의 개성의 일부입니다.

내가 아홉 살이나 열 살쯤 되었을 때 나는 시 법원에 가서 발코니에 앉아서 법률가들이 그들이 사건을 변호하는 것을 듣기를 좋아했습니다. 그들의 말을 들으면서 나는 내가 하면 그들 중 어떤 사람들보다도 훨씬 더 잘 할 것이라고 확신했었습니다!

그러나 나는 1933년 4월 22일 8시 20분전에 텍사스 주 맥킨리의 노스 칼리지 스트리트 405번지에 있는 집의 남쪽 침실에서 기형심장과 불치의 혈액병으로 전신이 마비된 상태로 침대에 누워있는 중에 거듭났습니다. 거듭나자마자 나는 이렇게 첫마디를 말했습니다. "주님, 주님께서 나를 이 병상에서 일으켜 주셨으니 나는 설교를 하러 가겠습니다."

이것은 다른 말로하면 "내 뜻대로 마옵시고 주님의 뜻이 이루어지기 바랍니다"였습니다. 십대 소년으로서 내 나름대로 내 자신을 구별하여 드리는 헌신 기도를 한 것이었습니다. 16개월이 지난 후에 주님은 내가 믿음의 기도를 드리자 나를 초자연적으로 침대에서 일으켜 주셨습니다. 그때부터 지금까지 나는 설교를 하고 있습니다!

그 이후로 나는 구별하여 드리는 헌신 기도를 수도 없이 드렸습니다. 예를 들면 내가 텍사스 주의 밴에서 한 교회의 목회자로 섬기고 있는 동안 주님은 내가 목회 사역을 그만 두고 순회 복음 사역자로 사역을 전환하는 것을 놓고 나를 다루기 시작하셨습니다.

수년 동안 나는 이 변화가 다가오고 있는 것을 내 영으로 느끼고 있었습니다. 하나님께서는 나의 다음 사역을 위해서 나를 준비시키고 있었습니다.

우리 인생에 있어서 그 시점은 나와 나의 가족이 사역을 하면서 살아왔던 이전의 모든 때보다 더 편안하게 살고 있던 때였습니다. 나는 내가 전에 벌던 것보다 가장 많은 돈을 벌고 있었습니다. 우리는 우리가 살았던 목사관 중에서 가장 좋은 곳에 살고 있었습니다. 나는 내가 몰았던 차 중에서 가장 좋은 자동차를 몰고 다녔으며, 옷도 내가 목회를 시작한 이래로 가장 좋은 옷을 입었었습니다.

그뿐만 아니라 교회의 성도들도 우리를 좋아했습니다. 한 번은 교회의 이사회원 중에 한 사람이 내게 이렇게 말을 하기도 했습니다. "해긴 형제님, 우리는 형제가 여기 평생 머물면서 우리 목사님으로 있었으면 좋겠습니다."

하나님께서 이 작은 교회를 무한정 섬기라고 내게 말씀하셔도 나는 괜찮다고 생각하고 있었습니다. 내가 교회에서 다루어야 할 어떤 큰 문제가 있었던 것도 아니었고, 우리 회중은 성장하고 있었으며 나의 가족과 친구들과 교제를 즐기며 쉴만한 시간도 있었습니다.

그러나 그때 주님께서는 순회 사역으로 들어서는 것에 대해서 나를 다루기 시작하셨습니다. 그것이야말로 내가 마시기를 원치 않던 잔이었습니다! 나는 부양해야 할 아내와 두 아이들이 있었으며 나는 담임 목회자의 안전함을 떠나기를 원치 않았습니다. 나는 15년 목회 사역 중에 12년을 담임 목사로서 섬겼습니다. 내가 순회 사역자로 나서는 것은 미지의 세계로 큰 믿음의 발자국을 내딛는 것이었습니다.

나는 여러분이 내가 한 번 이상 주님께 이 잔이 나를 지나가게 해 달라고 기도했다는 것을 알기를 바랍니다. 나는 이것에 관해 기도하면서 두 해를 보냈습니다! 나는 매일 이것에 관해서 하나님께 말씀드렸습니다.

여러 번 나는 온 밤을 이 기도를 하면서 보낸 적도 있었습니다. 새벽에 해가 뜰 때까지도 잠에 들지 못한 채 순회 사역을 하러 나가지 않고 목회를 하는 것에 대해서 하나님께 말씀드리면서 예배당 통로를 왔다 갔다 하고 있었습니다.

나는 하나님께 이렇게 말씀드리곤 하였습니다. "주님, 모든 사람들이 내가 목사로 있는 것을 기뻐하고 있습니다. 나의 가족과 나는 여기서 삶을 즐기고 있습니다. 모든 것이 좋은 상태입니다." 수많은 말로 나는 하나님께 말씀을 드렸습니다. "왜 주님은 저를 그냥 좀 잘 있게 놓아두지 않으십니까? 이곳의 평안한 삶을 건드리지 말아 주십시오."

그러나 나는 결코 하나님의 마음을 바꿀 수가 없었습니다!

성경은 이렇게 말씀하고 있습니다. "하나님의 부르심과 은사는 후회하심이 없느니라(취소되지 않습니다)"(롬 11:29). 마침내 나는 하나님의 뜻에 항복하고 이렇게 말씀 드렸습니다. "아버지, 내 뜻대로 마시고 아버지의 뜻대로 하십시오." 그리하여 1949년 나는 믿음의 큰 걸음을 내딛고 순회 사역으로 들어섰습니다.

내가 처음 순회 사역을 시작했을 때 나는 그 순종의 잔을 마신 결과가 얼마나 좋을 것인지 몰랐습니다! 물론 인내하기 어려운 곳도 있었습니다만 잠시 동안만 어려울 뿐이었습니다. 우리가 우리 자신의 욕심이 아니라 그분의 계획에 순종하였기 때문에 순회 사역을 하는 수년 동안 하나님께서는 우리가 상상도 하지 못할 정도로 우리를 축복해 주셨습니다.

우리는 모두 인생을 살면서 우리가 지나가기를 원하는 어떤 잔들을 마셔야만 합니다. 그러나 그 잔이 주님의 뜻이라는 것을 알면 우리는 그 순종의 결과가 우리를 위해서 좋을 것이며 하나님께 영광이 될 것이라는 것을 확실히 믿을 수 있습니다. 이것이 바로 우리가 하나님의 뜻에 열려있고 예수님께서도 기도하신 것처럼 "내 뜻대로 마옵시고 아버지의 뜻이 이루어지기 바랍니다"라고 기도해야 하는 이유입니다.

많은 그리스도인들은 주님께 모든 것을 다 내어드린 적이 없습니다. 그들은 예수님을 그들의 삶의 일부의 주님으로는 기꺼이 받아들입니다. 그러나 가끔 그들은 그들의 육신적인 본성이 잡고 있는 어떤 부분에 대한 통제는 기꺼이 포기하지 않으려고 합니다. 어떤 성도는 자신들이 모든 것을 제단에 내려놓았다고 말하지만 실제로는 주님으로부터 자신들의 일부는 움켜쥐고 있습니다.

하나님을 전적으로 따르고 당신의 삶을 위한 그분의 계획을 따르기 위해서 처음이자 마지막으로 진실한 결단을 한번 하는 것은 매우 중요합니다. 마귀가 당신을 하나님의 계획에서 벗어나 그것을 이루지 못하도록 하기 위해서 최고의 유혹으로 공격할 때 이 결단은 하나님의 완전한 계획 가운데 당신을 지켜줄 당신의 영혼의 닻이 될 것입니다.

이와 같이 마귀는 당신을 향하여 경매하는 사람들이 높은 값을 부르듯 좋은 값을 부를 것입니다. 마귀는 당신이 하나님께 순종하지 못하도록 하기 위해서 가장 좋은 유혹들을 사용할 것입니다. 만일 당신이 하나님께 모든 것을 온전히 다 항복한 적이 없었다면 당신은 마귀의 유혹으로 말미암아 설득을 당해서 당신을 향한 하나님의 최고를 놓치고 당신 자신의 뜻과 육신적인 끌림과 욕망을 추구할 위험에 처해 있습니다.

결단의 갈림길

지금 많은 그리스도인들은 자신들의 인생의 갈림길에 서 있습니다. 다른 말로 하면 그들은 자신의 인생의 길에 영향을 미칠 그런 결단에 직면하고 있습니다. 그들은 하나님께서 무엇을 하라고 요구하든지 관계없이 자신들을 온전히 하나님의 뜻에 구별하여 드릴 것인지 결정을 해야 하는 그런 갈림길에 있습니다.

이런 교차로에 서 있는 그리스도인들은 자신들의 계획과 욕망의 길을 따르기로 선택할 수도 있습니다. 그 길은 넓고 밝아 보이고 그들 앞에는 그들이 볼 수 있는 한은 곧은 길로 보일지도 모릅니다.

그러나 그들이 계속해서 하나님께 불순종하고 자신의 머리만 의지한다면 그 넓고 곧은 길은 결국 어둠으로 그들을 인도하게 될 것입니다. 다른 말로 하면 하나님의 완전한 뜻을 선택하지 않는 신자들은 하나님께서 그들에게 준비하는 것이 아닌 그런 시련들을 만나면서 살게 된다는 것입니다.

반면에 순종하는 신자들을 위해서 하나님께서 계획해 놓으신 길은 산을 넘고 깊은 골짜기를 건너는 좁은 길일지도 모릅니다. 하나님의 길은 우리의 시야를 가리는 구부러지고 오르락내리락 하는 길일지도 모릅니다.

하나님을 따르는 것은 한 발자국 한 발자국 믿음과 순종으로 걷는 길이기 때문에 하나님의 길을 따르는 신자들은 그 길을 항상 멀리 내다보지 못할 수도 있습니다. 그러나 그 순종의 길에 놓여 있는 어려움에도 불구하고 하나님의 길을 걷기로 선택한 사람들에게는 참으로 위대한 미래가 기다리고 있습니다!

당신은 이렇게 말할지도 모릅니다. "아닙니다. 내 앞에 무슨 일이 일어날지 볼 수 없는 좁고 구부러진 길을 가는 것을 나는 별로 좋아하지 않습니다! 나는 어디로 가고 있는지도 모릅니다. 다른 길은 내 앞에 넓고 곧게 펼쳐 있는 것을 볼 수 있습니다. 그러나 하나님이 선택하시는 좁은 길을 걸어가다 보면 나는 그 산 너머를 볼 수 없습니다. 이런 순종의 길은 거칠고 어려운 길처럼 보입니다."

그러나 당신의 삶을 위한 하나님의 계획을 따르기를 원한다면 순종의 길은 당신이 선택해야만 하는 길입니다. 당신이 하나님께 순종하기로 선택하면 하나님은 당신이 지금 바로 직면하고 있는, 당신이 아직 볼 수 없는 그 산 위는 물론 그 산을 넘을 수 있는 능력과 힘을 공급해 주십니다.

당신의 순종으로 인하여 많은 사람들이 영향을 받게 될 것이며 당신의 길은 점점 더 밝아질 것입니다. 왜냐하면 바로 이 순종의 길에서만 하나님은 자신의 영광을 나타내시며 당신의 힘은 날마다 새로워지기 때문입니다. 그리하여 당신이 달려갈 길을 다 마치고 예수님의 얼굴을 마주보게 될 때 당신은 자신이 하나님께 순종한 것을 얼마나 기뻐하겠습니까!

우리들은 살면서 많은 갈림길을 경험하게 될 것입니다. 어떤 갈림길은 다른 것들보다 더 결정적이겠지요. 매 갈림길마다 우리는 우리 자신이 아니라 주님의 뜻을 행하기 위해서 우리의 헌신을 새롭게 해야만 합니다.

이것이 바로 우리가 주님과 함께 걷는 삶을 살면서 그분과 그분의 말씀에 완전히 순종하여 자신을 드리고 구별하여 드리는 기도를 반복해서 해야만 하는 이유입니다.

당신의 삶을 통째로 주님께 구별하여 드리십시오. 당신의 머리로는 당신 자신의 계획과 욕망을 따르고 싶다하더라도 육신적인 이끌림에 대해서는 자신을 죽은 자로 여기십시오.

자신의 계획과 뜻을 거부하기가 때로는 어려워 보일지라도 순종의 마지막 결과는 당신의 영을 기쁘게 할 것입니다. 당신은 당신의 길을 형통하게 만들어 갈 것이며 당신이 마음으로 상상하였던 것 이상으로 만족하게 될 것입니다.

육신을 따라 산 삶과 하나님의 완전한 계획을 따라 산 삶은 결코 비교할 수도 없습니다! 당신의 심령으로부터 하나님께 이 헌신의 기도를 하십시오.

주님, 나 자신을 당신께 드립니다. 내 삶에서 당신의 뜻을 이루십시오. 나로 하여금 내가 당신께 모든 것을 항복하여 바쳤다는 것을 결코 잊지 않게 해 주십시오.

나는 당신의 목적을 위하여 구별되고 헌신되어 당신이 사용하실 수 있는 사람이 되도록 내 자신을 드립니다. 나는 육신을 거절함으로써 그 값을 치르겠습니다. 당신이 저를 밤중에 부르시면 나는 일어나 무릎을 꿇고 기도하겠습니다. 내가 사람들 눈에 전혀 뜨이지 않고 항상 무대 뒤에서만 일한다 하더라도 나는 여전히 신실하겠습니다.

나는 나의 모든 개인적인 야망을 내려놓습니다. 나는 당신의 완전한 뜻 가운데 성령 안에서 살아가는 사람이 되겠습니다. 내 심령과 내 삶과 내 사역에서 당신의 뜻이 예수님의 이름으로 반드시 이루어 질 것입니다.

당신이 다른 신자들과 함께 주님을 경배하며 성령의 임재가 나타날 때는 이런 기도를 하며 주님께 당신의 삶을 드리는 것이 쉽습니다.

그렇지만 시험과 시련이 닥치고 환경이 당신을 이리 저리로 휘두를 때에도 똑같은 헌신을 놓치지 마십시오. 똑같은 마음과 의지와 목적을 유지하고 확신을 가지고 이렇게 말하십시오.

"나는 아버지와 함께 동행할 것입니다. 나는 하나님께서 나의 삶 가운데 그분의 목적을 이루도록 할 것입니다."

그렇게 하기 힘들 때도 여전히 구별되어 헌신되어 있음으로써 당신은 순종과 헌신과 믿음의 위대한 교훈을 배우게 될 것입니다. 당신이 매일 하나님의 뜻에 순종하는 것을 선택하고 당신 앞에 놓인 경주를 달려갈 때 당신은 많은 사람들에게 복이 될 것입니다. 그러면 하나님께서는 넓고 열린 곳, 즉 당신의 삶의 모든 분야에 풍성함이 넘치는 곳으로 당신을 인도할 것입니다!

04

성령으로 인도받는 것을 배우기

무릇 하나님의 영으로 인도함을 받는 이들은 곧 하나님의 아들들이니라.　　　　　　　　　　　　　　롬 8:14

하나님의 자녀는 누구나 성령의 인도받는 법을 배울 수 있습니다. 하나님의 가장 풍성한 복은 자신들의 감각과 환경을 따라가는 사람이 아니라 하나님의 영을 따르는 사람들을 기다리고 있습니다.

그러나 성령으로 인도받기 위해서 당신은 당신 스스로 만든 계획을 따르지 말고 당신의 삶을 위한 하나님의 계획을 따르는 데 당신 자신을 구별하여 드려야만 합니다.

성령으로 인도함을 받는 것을 배우는 것은 당신이 하나님께 순종하기 위한 가장 중요한 것입니다. 만일 주님께서 당신의 영에 말씀하고 있는 것이 무엇인지를 당신이 구별할 수 없다면 당신은 당신의 삶을 위한 그분의 계획과 목적을 따르는 데 어려움을 겪게 될 것입니다. 이렇게 단순한 것입니다.

하나님은 당신을 당신의 영으로 인도합니다

그러면 우리는 어떻게 주님의 인도를 구별하고 주님께 협력하는 것을 배워서 우리를 위한 그분의 계획을 따를 수 있을까요?[1] 무엇보다도 먼저 우리는 하나님께서는 우리의 영을 통해 우리와 접촉하시고 우리를 다루신다는 것을 이해해야 합니다.

하나님은 육체적인 존재가 아닙니다. 그러므로 하나님은 우리의 육체적인 본성의 부름에 응답하지 않으십니다. 하나님은 혼적인 존재도 아닙니다. 그러므로 우리의 지성이나 감정의 부름에 응답하지 않으십니다.

---

[1] 어떻게 성령으로 인도함을 받는가에 대해서 좀 더 알고 싶으신 분은 케네스 E. 해긴 목사님의 저서 '어떻게 하나님의 영으로 인도함을 받는가'를 보십시오.

이것이 바로 수많은 사람들이 실수하게 되는 부분입니다. 그들은 마음과 느낌을 통해 하나님께 이르려고 노력합니다. 그들은 이렇게 말합니다. "오, 내가 기도할 때 하나님의 임재를 느낄 수만 있다면!"

그러나 실제로 그들이 해야 하는 것은 그들의 육신을 십자가에 못 박아 죽이고 그들의 마음을 하나님의 말씀으로 새롭게 하고 기도하면서 주님을 찾을 내부를 조용히 하는 것입니다(갈 5:24, 롬 12:2). 그러면 성령님은 그들의 영의 부르짖음에 응답할 것입니다.

하나님은 영이며 신적인 인격체입니다(요 4:24). 사람도 역시 영적인 존재입니다. 사람은 영이며 혼을 가지고 있으며(혼은 마음과 의지와 감정을 포함하고 있습니다), 몸 안에 살고 있습니다(창 1:26, 27; 고후 5:1-4; 살전 5:23; 히 4:12).

사람의 영the spirit man, 즉 속사람은 겉사람에게 색깔과 인격을 부여하는 사람의 영원한 부분입니다. 이것이 바로 신자의 속사람, 즉 그의 영으로서 하나님의 영이 말씀하는 것을 듣는 것입니다.

성경은 "사람의 영은 주님의 등불이라. 배 속의 내부 부분까지도 찾아낸다"(잠 20:27)고 말씀하고 있습니다. 성경은 또한 성령님이 우리의 영에 증거한다고 말씀하고 있습니다(롬 8:16).

다른 말로 하면 성령님은 우리의 삶을 위한 하나님의 뜻에 관해서 우리를 인도하고 깨우쳐주기 위해서 우리의 영을 사용하신다는 것입니다. 성령님은 우리의 영에 거주하고 있기 때문에 우리의 마음이나 몸을 통해서 직접 우리와 교통하지 않으십니다. 그러므로 그분은 우리의 영을 통해서 우리와 교통하십니다.

우리는 성령님께서 우리를 안내하고 방향을 제시할 것을 기대할 수 있기 때문에 우리는 우리의 삶을 위한 하나님의 계획과 목적을 이룰 수 있습니다. 성경은 "하나님의 영으로 인도함을 받는 이들은 곧 하나님의 아들들"(롬 8:14)이라고 말하고 있습니다. "마음이나 육신으로 인도받는 이들은 곧 하나님의 아들들"이라고 말하고 있지 않음을 주의하십시오.

이 구절은 또한 "예언자나 그들에게 무엇을 하라고 말하는 다른 사람에 의해서 인도받는 사람은 하나님의 아들들"이라고도 하고 있지 않습니다. 영적으로 당신이 존경하는 어떤 사람으로부터 지혜로운 상담을 구하는 것은 때때로 좋은 일이지만 당신을 향한 하나님의 인도를 받기 위해서 사람을 쳐다보아서는 안 됩니다. 그런 것은 성경적인 것이 아닙니다.

그리스도인인 우리는 모두 하나님의 영을 가지고 있고, 각자가 자신의 삶을 향한 주님의 인도를 구별할 책임이 있습니다.

우리는 다른 사람들의 안내나 의견이 아니라 하나님의 말씀에 따라 성령님의 인도를 받아야 합니다.

성령님은 우리를 어떻게 인도할까요? 하나님께서 자기 자녀들을 인도하는 가장 최우선적인 방법은 내적인 증거the inward witness를 통해서입니다. 로마서 8장 16절은 내적 증거에 대해서 말씀하고 있습니다. "성령이 친히 우리의 영과 함께 우리가 하나님의 자녀임을 증거하십니다"(롬 8:16)

당신이 거듭났을 때 성령님은 당신의 영에게 증거함으로써 당신이 하나님의 자녀인 것을 알도록 하십니다.

어떤 사람이 당신에게 당신이 구원받았다는 것을 예언해주었기 때문에 당신이 하나님의 자녀인 것을 안 것은 아닙니다. 어떤 사람이 "내 생각에 당신은 그리스도인이야"라고 당신에게 말해 주었기 때문에 당신이 거듭난 것을 알게 된 것이 아닙니다.

당신이 하나님의 자녀인 것을 알게 된 것은 하나님의 영이 당신이 거듭난 것을 증거해 주었기 때문입니다. 당신은 어떻게 당신이 구원받았는지를 어떤 사람에게 설명해 줄 수는 없을지 몰라도 당신은 속 깊은 곳으로부터 그냥 알고 있습니다. 당신은 그리스도 안에서 새로운 피조물이 되었다는 것을 알고 있습니다(롬 10:9-10, 고후 5:17).

당신에게 일어날 수 있었던 가장 중요한 사건인 하나님의 자녀가 되는 일로 성령님이 당신을 안내해 준 바로 그 방법이 내적 증거였습니다. 그러므로 내적 증거는 성령님께서 당신이 그리스도인으로서 살아가는 모든 과정에서 당신을 계속해서 안내해 줄 가장 우선적인 방법이 될 것은 당연합니다.

나 자신의 삶과 사역 속에서도 나는 거의 항상 내적 증거로 인도를 받아왔습니다. 물론 어떤 때는 환상 같은 특별한 안내를 받은 경우도 있지만 대부분의 경우는 내적 증거의 인도를 받았습니다. 내적 증거는 하나님께서 그의 모든 자녀들을 인도하는 첫 번째 방법입니다.

당신의 삶을 향한 하나님의 계획을 따르려고 할 때 당신의 머리가 모르는 것을 내적 증거에 의해서 당신의 영이 알고 있는 경우가 많이 있을 것입니다. 당신의 영은 당신 안에 살고 계신 하나님의 영으로부터 정보를 얻게 될 것입니다.

가끔 당신이 어떻게 성령의 내적인 증거로 말미암아 어떤 것을 알게 되었다는 것을 논리적으로 다른 사람에게 설명하기는 어려울 수도 있습니다. 당신은 속으로 그냥 알고 있습니다. 이것은 육체적인 느낌이 아닙니다. 이것은 영적인 느낌이나 인식입니다 a spiritual sense or perception.

예를 들면 바울이 로마로 가는 배에 죄수로 타고 있었을 때 이렇게 말했습니다. "여러분, 내가 보니 이번 항해에 화물과 배 뿐만 아니라 우리 생명에도 상당한 손실과 피해가 있으리라고 하나"(행 27:10)

바울은 "성령님께서 내게 말씀하셨습니다"라거나 "나는 환상을 보았습니다"라고 하지 않았습니다. 그는 "내가 보니 이번 여행은 위험으로 가득 차 있습니다"라고 말했습니다. 분명히 바울은 그 여행에 대해서 내적 증거나 영적인 인지perception를 가졌던 것입니다. 그의 영은 이 지식을 그 안에 살고 계신 성령님으로부터 받았습니다.

성령님께서 우리를 인도하시는 두 번째 방법은 조용하고 작은 음성the still small voice라고 불리는 내적 음성the inward voice을 통해서입니다. 당신의 겉사람이 음성을 가지고 있듯이 당신의 속사람도 음성이 있다는 것을 알고 계십니까? 당신의 영의 음성은 당신의 양심conscience이라고 불립니다.

속사람의 음성, 즉 내적 음성은 겉사람의 음성을 듣는 것처럼 당신의 귀로는 들을 수 없습니다. 당신은 당신의 영으로 당신의 내부에 있는 속사람의 음성을 듣습니다. 당신의 영your spirit man은 당신의 양심의 조용하고 작은 음성으로 당신에 말할 것이며 당신 안에 있는 성령으로부터 받은 정보를 당신의 마음에 전해줍니다.

성령님이 당신을 인도하는 세 번째 방법은 권위 있는 성령의 음성을 통한 것입니다. 성령님께서 권위 있는 음성으로 신자에게 말씀하신다 하여도 우리가 이 음성을 구해서는 안 됩니다. 이런 것들은 성령님께서 원하시는 대로 일어나는 것입니다(고전 12:11).

당신 자신의 영의 내적인 음성과 실재적인 성령님의 음성과는 분명한 차이가 있습니다. 성령님께서 당신에게 말씀하실 때 그 음성은 더 권위가 있습니다.

당신의 속사람, 즉 속으로 성령의 권위 있는 음성을 당신은 듣게 될 것입니다. 혹은 어떤 사람이 당신에게 큰 소리로 말하는 것과 같이 그렇게 실감나게 성령님의 큰 음성을 들을 수도 있습니다.

성령님께서 당신에게 말씀하실 때는 같은 방에 있는 다른 사람은 아무도 듣지 못했는데도 당신에게는 귀로 들리는 것과 같이 여겨집니다. 성령님은 육체를 가지고 있지 않기 때문에 성령님은 감각적인 영역에서 말하지 않기 때문입니다.

당신도 역시 영적인 존재입니다. 그러므로 성령님이 말씀하는 것을 들을 때 당신은 당신의 영으로 성령님의 음성을 듣고 있는 것입니다. 성령의 음성은 영의 영역에서는 귀로 들을 수 있는 것입니다.

영적인 것도 물질적인 것과 같이 실제적입니다. 영이신 하나님께서 물질적인, 자연적인 세계를 창조하셨기 때문에 사실은 영적인 것이 자연적인 것보다 더 실제적입니다. 그러므로 당신의 삶을 위한 하나님의 계획을 성공적으로 따르려면 당신의 마음을 의식하거나 몸을 의식하는 것보다 더 성령님을 의식하는 사람이 될 필요가 있습니다.

너무나 많은 그리스도인들이 자신들의 오감이 말하는 것만을 의식하면서 평생을 살아갑니다. 그렇기 때문에 이런 사람들은 느낌만을 의식하며 몸이 자신을 다스리게 되고 대개는 영적으로 귀머거리입니다.

자신의 내부에 계시는 성령님께 주의를 기울이지 않기 때문에 소위 그들의 영적인 귀는 막혀버리고 그들의 심령은 자연적인 관심사로만 가득합니다.

또 어떤 그리스도인들은 자기들이 언제나 말하는 사람이기 때문에 하나님으로부터 아무 것도 들은 적이 없습니다.

또 어떤 그리스도인들은 자신들이 영적인 귀를 가지고 있다는 것도 자신들이 성령님으로부터 무엇인가를 듣게 되어 있다는 것조차도 모르고 있습니다!

당신의 영을 발전시켜서 하나님의 뜻을 알 수 있도록 하십시오

　우리의 인생을 위한 하나님의 계획을 따르는데 있어서 우리가 가지고 있는 문제는 우리가 마땅히 했어야 할 우리들의 영을 훈련하는 일에 실패한 것입니다. 우리는 삶의 대부분을 우리의 심령을 희생하면서 우리의 지성을 발전시킴으로써 우리의 인생을 정신적이고 육체적인 영역에 사용합니다.

　우리가 우리의 영을 발전시키기를 게을리 하면 우리의 지성이 우리의 삶의 왕좌를 차지해 버립니다. 우리의 마음과 몸을 다스리며 안내해 나가야할 우리의 영은 작동하지 못하도록 소위 감옥에 가두어지는 것입니다. 우리가 시간을 들여서 우리의 영을 발전시켜서 들으려고 하면 성령님은 우리의 내적 증거를 통해서 우리 마음mind에 늘 안내를 할 기회를 찾고 계십니다.

　당신이 당신의 영을 발전시키려면 꼭 기억해야 할 중요한 것은 바로 이것입니다. 당신은 항상 부드럽고 민감한 양심tender conscience을 간직하려고 결단을 내려야합니다.

　당신의 양심을 거역하지 마십시오. 그 대신 항상 당신의 영에 즉시 순종하는 훈련을 의도적으로 하십시오. 당신의 양심이 당신의 영의 음성이란 것을 기억하십시오. 이 양심은 하나님의 영

이 당신의 심령heart에 말하는 것을 당신의 마음mind에 연결시켜줍니다. 만일 당신이 자신의 양심을 계속 범하게 되면 당신의 양심은 성령의 미세한 자극에 무감각하게 되어갑니다. 당신에게 영적인 것은 불분명하게 되고 당신의 양심은 이제 더 이상 안전한 안내자가 되지 못합니다. 당신의 양심이 한 번 이렇게 무감각하게 되면seared, 혹은 마비되거나 화인 맞게 되면 당신은 주님의 계획과 인도를 분별하기가 어렵게 될 것입니다. 뿐만 아니라 당신의 영을 계발하려고 하면 당신은 확실하게 당신의 육신을 따라 인도받지 않도록 해야 합니다. 여기서 많은 그리스도인들이 잘못을 합니다. 그들은 자신들의 육신적인 본성과 욕심과 이끌림을 따라 의사 결정을 합니다.

그들 안에서 그들의 영이 성령님과 조화되지 않기 때문에 그들은 하나님께서 그들의 영적인 경주를 위해 예비해 놓으신 성령의 일들을 놓치게 됩니다.

당신이 자신의 혼, 즉 자신의 느낌과 자연적인 논리와 감정에 의해서 인도를 받는다면 당신의 영의 계발 역시 방해를 받게 될 것입니다. 이것이 그리스도인들이 흔히 잘못을 범하는 영역입니다. 그들은 자신들이 스스로 만들어낸 욕심과 계획이 감정적으로 그럴듯하게 보이게 되도록 내버려두고는 자신들이 주님의 뜻에 의해 인도받고 있다고 스스로 확신합니다. 그렇지만 실제로 그들은 자신들의 영이 아니라 감정에 의해 인도받고 있으며 그들의 감정은 그들이 길을 잃게 하는 것입니다.

당신의 영을 계발하는 데 있어서 밖으로 나타난 환경에 의해 인도받지 않는 것이 중요합니다.

내가 목사로서 젊었을 때 나는 환경에 따라 인도받는 목사님들을 알고 있었습니다. 그 목사님들은 교회에 문제가 생기면 이렇게 말하곤 했습니다. "언제든지 주일 성경 공부반 참석 인원만 예전만큼 회복된다면 나는 이 교회를 사임할 것입니다."

아니면 그 목사님들은 이렇게 말했습니다. "교회 재정이 좀 나아지면 나는 다른 목회지역을 찾아갈 것입니다." 그러나 보시다시피 이런 목사님들은 성령님이 아니라 자연적인 환경을 따라 인도를 받고 있는 것입니다.

목사로서 나는 결코 환경에 의해서 동요되지 않습니다. 주일 성경 공부 반에 참석하는 사람들의 숫자나 헌금이 줄어드는 것은 나에게는 조금도 문제가 되지 않습니다. 나는 사람들이 모인 수나 헌금의 크기나 어떤 자연적인 환경에 의해서 내 중심이 흔들리는 것을 결코 허락하지 않았습니다. 나는 주님께서 내 영에 말씀하시는 것에 의해서만 하나님의 뜻을 확신하였습니다. 하나님께서 내게 이 교회를 섬기라고 말씀하셨으므로 나는 하나님의 판단에 대해서는 의문을 갖지 않습니다. 주님께서 나에게 다음 주에나 혹은 다음 달에 떠나라고 말씀하실 것인지 아닌지에 관해서는 나는 조금도 생각하지 않을 것입니다. 그것은 내 소관이 아니라 하나님의 소관입니다. 나는 하나님께서 가라고 하실 때까지 여기 머물러 있을 것입니다.

"만일 하나님께서 내가 다른 곳에 가기를 원하신다면 그분은 당연히 나에게 말씀하실 분입니다. 하나님은 지성적인 존재이며 나도 지성적인 존재입니다. 하나님께서 내게 말씀하시는 것을 나는 이해할 것입니다. 나는 하나님과 접촉하고 있으며 나는 하나님의 인도하심에 열려 있습니다. 내가 움직일 준비가 되어 있을 때 그분은 내게 신호를 보내실 것입니다. 나는 내적 증거에 의해서 내 속으로 그 신호를 알게 될 것입니다."

이것이 거의 60년 동안 나를 위한 하나님의 계획을 따라온 방법입니다. 나는 하나님께서 말씀하신 바를 따라 가는 것과 마찬가지로 하나님이 말씀하지 않으신 것도 준수합니다.

다른 말로하면 나는 내 영으로 성령님이 인도하시는 것과 하나님의 말씀의 원칙을 따라 살고 있다는 것입니다. 하나님께서 나의 삶과 사역에 관한 그분의 계획에 있어서 새롭게 방향을 바꾸는 것이 적당하다고 보시지 않는 한 나는 주님께서 내게 가라고 하신 그 방향으로만 계속 갈 뿐입니다. 나는 나 스스로 새로운 방향을 모색하려고 하지 않습니다.

당신의 영을 계발하는 것과 당신의 삶을 향한 하나님의 방향을 확신하는 데 있어서는 당신 주위에 있는 영적으로 성숙한 사람들과 하나가 되고 일치하려는 노력도 당신에게 큰 도움이 될 것입니다. 당신이 주님의 인도를 받고 있다고 생각하지 않을 경우에 당신과 아주 가깝고 당신이 영적으로 존경하는 사람들이 어떤 행동을 하는 것도 조심하십시오.

예를 들면 초대 교회는 어떤 의사결정이든지 특히 사역에 관해서는 성경적인 연합과 일치의 원칙들을 실천했습니다. 우리는 한 예를 사도행전 13장 바울과 바나바가 사역을 위해 구별될 때를 통해 보고 있습니다.

> 당시 안디옥에 있는 교회에는 몇 명의 선지자들과 교사들이 있었는데 즉 바나바와 니겔이라고 하는 시므온과 구레네 사람 루키오와 영주 헤롯과 함께 자란 마나엔과 사울이라. 그들이 주를 섬기며 금식하고 있을 때 성령께서 말씀하시기를 "내가 불러 시키는 일을 위하여 바나바와 사울을 내게 따로 구별해 놓으라" 하시니라. 그러므로 그들이 금식하고 기도한 후에 그들에게 안수하여 떠나 보내니라.　　행 13:1-3

이 경우에 성령님께서 어떻게 말씀을 하였는지에 관해서는 성경은 말하고 있지 않습니다. 예언자 중에 한 사람이 성령의 감동으로 예언을 했을 수도 있습니다. 아니면 어떤 사람이 권세 있는 성령님의 음성을 들었을 수도 있습니다.

그러나 성령님께서 어떻게 말씀하셨는지는 문제가 되지 않습니다. 중요한 것은 바나바와 바울을 따로 세워서 사역을 하도록 하는 것이 주님의 인도하심이라는 것에 안디옥 교회의 그 회의에 참석했던 다섯 명의 사역자들이 모두 일치했다는 것입니다.

당신의 삶을 위한 하나님의 계획을 따르는데 당신 자신이 어떤 결정을 해야만 한다는 것은 사실입니다. 당신이 어떤 결정을 해야 하는지 당신 주변의 사람들에게 항상 물어볼 필요는 없습니다. 하나님께서는 그 상황에서 당신이 하기를 원하시는 것을 다른 사람들에게는 말하지 않으실 수도 있습니다.

너무나도 많은 그리스도인들은 하나님께서 자신들을 어떻게 인도하고 계신지 알아내야 하는 책임을 지고 싶지 않으므로 다른 사람들의 말로 인도를 받게 됩니다. 그러나 모든 그리스도인들은 각자가 자신의 삶에 대한 주님의 지시를 받을 책임을 가지고 있습니다.

그러므로 당신의 삶에 큰 영향을 끼치게 될 중요한 결정을 할 때는 당신이 영적으로 신뢰할 수 있는 사람들이 같은 생각을 하고 있는지를 확인하는 것은 아주 성경적인 것입니다. 그러나 이 말은 당신의 삶에 대한 인도를 받는 책임을 다른 사람이 지도록 하라는 뜻은 아닙니다.

그러나 많은 경우에 당신을 사랑하고 주님을 아는 사람들의 조언을 듣는 것은 지혜로운 일입니다. 나의 삶에 있어서도 내가 그분들의 영적인 삶을 절대적으로 신뢰할 수 있었던 사람들이 있었습니다. 내가 결정을 할 필요가 있을 때 나는 그들에게 말한 적이 있었습니다. 성경은 이렇게 말씀하고 있습니다. "지도자가 없으면 백성이 망하지만 참모가 많으면 평안을 누린다" (잠 11:14).

당신의 결정으로 말미암아 삶에 영향을 받는 사람들이 주님께서 그쪽 방향으로 인도하고 있다고 동의하는 것도 역시 중요합니다. 예를 들면 1940년 대 초에 주님께서 내가 파머스빌에 있는 교회로 다시 돌아가는 문제에 관해서 나를 다루고 계실 때 (나는 하나님의 뜻보다 앞서 그 교회를 떠났었습니다) 나는 나의 결정을 나의 아내에 의해 확인받기를 원했습니다.

그 당시 나는 다른 교회의 목회자로 섬기고 있었는데 나는 거의 한 달 동안 파머스빌 교회로 돌아가는 것에 대해서 갈등을 하고 있었습니다.

어떤 때는 예배당에서 기도하는 도중에 파머스빌 교회에 대한 부담이 내게 너무나 강하게 와서 나는 일어나 예배당 밖으로 도망을 가기도 했었습니다. 나는 그 부담으로부터 도망을 가려고 했습니다. 나는 주님께 "나는 그곳으로 돌아가서 목회를 하기를 원하지 않습니다"라고 계속 말씀드렸습니다.

여러분도 알고 있겠지만 당신의 육신과 당신의 마음은 주님께서 당신에게 하라고 요구하는 것들에 대항하여 거역합니다. 만일 당신이 자신의 육신의 감각과 자신의 마음과 자신의 영에게 동시에 귀를 기울이려고 하면 당신은 심한 혼란에 빠질 수 있습니다.

그래서 마침내 나는 이렇게 기도했습니다. "주님, 주님께서 우리가 파머스빌에 돌아가기를 원하신다면 그 사실을 나의 아내에게도 증거해 주십시오."

그리고 나서 얼마 지나지 않아서 나는 아내 오레타와 함께 설거지를 하다가 그녀에게 물었습니다. "여보, 주님께서 당신에게 무슨 말씀을 하시던가요?"

"아니요, 없는데요." 아내가 대답했습니다.

"그럼, 주님께서 뭐라고 말씀하시면 내게도 알려 주세요." 아내에게 이렇게 말했습니다.

그리고 나는 약 30일 정도를 기다렸습니다. 어느 날 아침 우리는 다시 설거지를 함께 하고 있었는데 내가 아내에게 물었습니다. "당신 주님으로부터 무슨 말씀을 들은 것이 있나요?"

"없는데요." 아내가 대답했습니다.

어떤 경우에 사람들은 주님으로부터 말씀을 듣고도 그 음성을 주님의 인도로 인식하지 않습니다.

그래서 나는 아내에게 이렇게 물었습니다. "당신은 이 교회를 사임하고 다른 교회로 가라고 인도하시는 것 같다고 느끼고 있나요?"

"아니요." 아내가 대답했습니다.

"파머스빌 교회에 관해서 당신 심령에 아무 것도 없어요?" 내가 물었습니다.

"오, 나는 그게 그저 내 생각이라고만 여겼는데요." 아내가 대답했습니다. 내 아내는 주님으로부터 무엇인가를 받고서도 그것을 인식하지 못했을 뿐이었습니다.

"그럼, 내가 당신에게 하나 물어보겠어요. 당신은 파머스빌에 돌아가서 목회를 하고 싶어요?" 내가 물었습니다.

"아, 아니요! 절대로 싫어요!" 아내가 소리를 질렀습니다.

"그렇다면 그 생각은 당신의 것일 리가 없군요. 그렇지 않아요? 당신은 돌아가고 싶지 않잖아요." 내가 말했습니다.

"당신 말이 맞는 것 같네요." 아내가 대답했습니다.

겉으로 보기에는 우리 둘 모두 그 교회로 돌아가기를 원하지 않았습니다. 그러나 우리 두 사람은 하나님께 순종하여 돌아갔고 우리 생애의 그 어떤 때보다도 그 교회의 목회자로 섬기면서 행복했었습니다.

우리는 처음에 너무 일찍이 그 교회를 떠났기 때문에 하나님께서 자신이 원하시는 것을 이루실 수 없었습니다. 그러나 우리가 순종하여 다시 돌아감으로써 하나님께서는 우리가 섬겼던 어떤 다른 교회보다도 더 그 회중을 영적으로 성장시키는 법을 나에게 가르쳐 주실 수 있었습니다.

우리는 그곳에서 많은 귀한 교훈을 배웠습니다. 하나님의 길은 언제나 최고의 길입니다!

그러나 내가 여러분에게 꼭 말해주고 싶은 점은 주님께서는 우리 두 사람에게 모두 파머스빌에 있는 그 교회로 돌아가라고 내적 증거를 통해서 말씀하셨다는 것입니다.

오레타와 나는 주님께서 그쪽으로 인도하신다는 데 의견이 일치했습니다. 가능하다면 언제나 어떤 결정으로 말미암아 두 사람 이상이 영향을 받게 될 때는 이런 방법으로 해야 합니다.

주님께서 인도하고 있다고 당신이 느끼고 있는 것을 다른 사람이 동의하지 않을 경우도 있습니다. 궁극적으로는 당신이 당신의 능력을 최대로 발휘해서 주님의 인도를 따라야하는 것입니다. 그러나 다른 사람들이 당신의 의견에 동의하지 않을 때는 그것이 주님의 인도인지 확실히 하는 데 매우 조심해야합니다.

당신이 행동으로 옮기기 전에 당신의 영으로 하나님의 인도인 것을 확실히 하십시오

당신의 인생에 영향을 끼치는 의사 결정을 할 때는 너무 서두르지 않는 것이 중요합니다. 예수님께서 내게 하신 말씀을 기억하십시오. "나는 네가 너무 서두르는 것보다는 차라리 늦게 행동했으면 좋겠구나."

그러므로 당신이 자신의 영을 계발해서 당신의 삶을 위한 하나님의 계획을 분별하려면 당신은 주님의 인도가 당신의 영 안에서 분명해질 때까지 충분히 기도할 필요가 있습니다.

어떤 그리스도인들이 가지고 있는 문제는 그들이 자신들의 삶을 위한 하나님의 계획에 관해 어떤 인도를 받았을 때 그 계시를 자기들의 감정과 생각과 뒤섞는 것입니다. 그들은 자신들의 인간적인 생각을 따름으로써 그 문제에 대한 하나님의 생각을 완전히 놓쳐버립니다. 그렇게 되면 계획은 바르게 되지 않고

혼동이 되어 그들이 처음부터 하나님으로부터 실제로 들은 것인지 의문을 갖게 됩니다.

이런 일이 발생하지 않도록 할 수 있는 유일한 길은 하나님의 임재 앞에 오랫동안 앉아 있으면서 당신 자신의 인간적인 감정과 생각들을 다 걸러내어 이 모든 것들을 하나님 앞에 제단 위에 내려놓는 것뿐입니다.

하나님의 생각은 사람의 생각보다 훨씬 높다는 것을 당신은 깨달아야 합니다(사 55:9). 당신이 하나님의 생각을 발견할 수 있는 곳은 하나님의 말씀입니다. 하나님의 말씀을 끊임없이 낮은 목소리로 읊조리며 먹는 것은 당신의 마음을 새롭게 하여서 당신의 마음이 당신의 영과 일치가 될 수 있게 하여 줍니다.

말씀 안에서 당신에게 말하는 그 음성이 당신의 영으로 당신을 인도하고 있는 바로 그 음성입니다. 이와 같이 말씀 안에 있는 것은 당신의 영적인 인지 능력과 당신 자신의 영 안에 있는 하나님의 음성을 듣는 능력을 날카롭게 해 줍니다.

그러므로 당신이 당신 자신의 자연적인 이론 대신에 하나님의 생각을 따라 하나님의 길로 걷기를 원한다면 기도하고 말씀 안에 머무르면서 하나님 앞에서 기다리는 것이 너무나 중요한 것입니다.

내가 그리스도인으로서 아직 어렸을 때 나는 하나님께서 내게 하라고 하는 것이 무엇인지 내 영 안에서 분명해 질 때까지 말씀과 기도 속에 하나님 앞에서 기다리는 시간을 갖는 것을 배웠습니다. 가끔 나는 하나님의 인도를 받기 위해서 며칠씩 기도하면서 하나님을 찾았습니다. 실제로 나는 내 사역에 있어서 중요한 결정을 하기 전에 가끔은 몇 개월씩을 기도하였습니다.

그동안 항상 무릎을 꿇고 기도하였다는 뜻이 아닙니다. 나는 여전히 매일 할 일들을 하였습니다. 그러나 할 수만 있으면 나는 많은 경우에 밤을 새워 기도했습니다. 많은 시간을 나는 방언으로 기도했습니다.

사실 그리스도인들이 자신의 삶을 위한 하나님의 계획을 찾도록 하나님께서 제공해 준 가장 위대한 자산 중에 하나는 다른 방언으로 말하는 증거가 있는 성령의 세례입니다(행 2:2-4).[2]

성경은 당신이 알지 못하는 방언으로 기도할 때 당신의 영이 기도하는 것이라고 말하고 있습니다(고전 14:14). 당신이 성령이 말하게 하심을 따라 다른 방언으로 기도할 때 당신의 영은 활동적으로 하나님과 의사소통을 하고 있는 것입니다. 하나님

---

[2] 방언을 말함이 증거로 따르는 성령 세례에 대해서 좀 더 알고 싶으신 분은 케네스 E. 해긴 목사님의 저서 '성령님과 성령의 은사들'을 보십시오.

께서 당신을 인도하는 것은 당신의 영을 통해서 하기 때문에 이것은 기도에 큰 힘을 실어 주는 것입니다.

고린도전서 14:2은 당신이 방언으로 기도할 때 당신이 하나님께 비밀을 말하는 것이라고 말씀하고 있습니다. 그러므로 하나님의 안내나 인도를 주님께 구할 때 성령님은 당신이 방언으로 기도함으로써 당신의 삶을 위한 하나님의 계획의 비밀을 기도하도록 도와주십니다.

내 자신이 그리스도인으로서 한 경험을 통해서도 나는 방언으로 기도하는 것이 내 몸을 조용하게 하고 나의 마음을 중립적이 되게 하여 내가 나의 영이 말하고 있는 것을 들을 수 있도록 하는 가장 좋은 방법이라는 것을 발견하였습니다. 당신의 손과 발로 바쁘게 소란을 피울 수 있는 것과 마찬가지로 당신의 마음도 똑같이 시끄러울 수 있다는 것을 알고 계십시오! 만일 당신의 마음이 혼적인 생각이나 마귀의 거짓말로 당신을 계속해서 공격함으로써 당신에게 소리를 지르고 있으면 당신은 성령님이 당신의 영에게 하는 말씀을 듣지 못할 것입니다.

세월이 지나면서 나는 기도하면서 나의 마음과 몸을 조용하게 하는 것이 점점 쉬워졌습니다. 전에는 내가 마음과 몸을 조용하게 하는 데는 적어도 방언으로 한 시간 반 정도를 기도해야 했었습니다. 그러나 지금은 몇 분이면 됩니다.

이와 같이 영적인 것도 자연적인 것과 마찬가지로 연습을 해야 합니다. 예를 들면 야구 선수들은 다가올 야구 시즌을 대비하기 위해서 봄에 연습을 합니다. 이와 비슷하게 당신도 하나님 앞에서 방언으로 기도하면서 많은 시간을 기다리면서 보내면 보낼수록 잠잠하게 되어 당신의 심령에 귀를 기울이기가 더 쉬워집니다.

물론 육신에는 이것이 쉬운 일이 아닙니다. 당신의 몸은 결코 기도하기를 별로 좋아하지 않을 것입니다. 자신이 기도하도록 만드는 것보다는 텔레비전을 보거나 이웃에 사는 아무개를 만나러 가는 것이 훨씬 더 쉽습니다. 그렇지 않던가요? 그러나 당신이 자신의 삶을 위한 하나님의 지혜와 인도를 받으려면 당신은 자신의 몸을 당신의 영에 복종시키고 부지런히 기도하는 데 자신을 드려야만 합니다(고전 9:27, 벧전 4:7).

다양한 결정을 함에 있어서 하나님의 인도를 구할 때 나는 때때로 몇 주 동안 수많은 밤을 기도로 보내곤 했었습니다. 주님께서 내게 원하는 것이 무엇인지 내 영에 분명해지기 전까지 나는 결코 기도를 멈추지 않았습니다.

기도하는 모든 기간 동안 나는 나의 '영의 안테나'를 바로 세워두고 기도했습니다. 이 말이 무슨 뜻인지 아십니까? 다른 말로하면 하나님께서 내게 하시는 말씀을 듣기 위해서 나의 영이 끊임없이 주의를 하고 있었다는 말입니다.

당신도 단순한 믿음의 행위로써 당신의 영의 안테나를 세울 수 있습니다. 당신 내부에 당신의 영으로 하나님을 향하여 안테나를 세우십시오. 그렇게 하면 영이신 하나님 아버지와 당신은 접촉할 수 있고 하나님은 당신의 영에 응답하실 것입니다.

계속해서 오랫동안 기도하는 동안에 나는 내 속의 깊은 곳 어디에서부터인가 하나님께서 내게 원하는 것에 대한 지식이 내 안에서 떠오르곤 했습니다. 주님의 지혜와 인도는 내 속에서 모양을 갖추고 형성되곤 했으며 마침내 나는 어떤 방향을 선택해야 하는지 내 속으로 정확하게 알게 되었습니다. 한 번 내 영에 분명해지면 아무도 내게서 하나님의 계획에 관한 지식을 빼앗아 갈 수 없었습니다. 내가 그 계획을 소유한 것입니다!

당신의 영으로 하나님의 지시를 분명하게 받는 것만이 시련을 통과하여 승리할 수 있게 합니다. 어떤 특별한 일에 관해서 하나님께서 당신에게 원하는 것이 무엇인지를 확실히 모른다면 당신은 어렵거나 반대되는 환경에 의해서 쉽게 흔들리게 됩니다. 만일 당신의 영에 하나님의 확실한 방향제시를 받지 못한 상태에서 당신이 결정을 내리면 당신은 자신이 하나님의 뜻을 놓치지나 않았을까하는 두려움 때문에 앞뒤로 흔들리면서 많은 시간을 낭비할 수도 있습니다.

당신의 영으로 확고하게 하나님의 뜻에 대한 지식이 없는 상태에서는 소위 당신은 하루는 기분이 좋았다가 하루는 기분이 나빠지는 환경의 파도를 타게 될 것입니다. 당신은 당신의 영으로 성령님의 인도를 받기보다는 눈에 보이는 환경의 인도를 받기 때문에 결국은 예정된 길에서 벗어나게 될 것입니다. 당신의 영으로 하나님의 뜻을 아는 것은 어떤 것이 당신을 반대하든지 관계없이 당신이 바른 길을 갈 수 있도록 지켜주는 당신의 닻입니다.

당신 심령에 있는 장애물을 제거하십시오

당신의 영을 발전시키고 항상 하나님의 인도를 받으며 움직이기 전에 먼저 당신의 영으로 방향을 분명하게 하는 것을 평생의 목표로 삼으십시오. 그렇지만 이것을 기억하십시오. 당신의 심령 속에 있는 당신의 기도 생활에 방해가 되는 것들을 제거하지 않고는 당신은 이 목표를 달성할 수 없을 것입니다. 당신의 심령의 거침돌을 제거하지 않는다면 당신은 수많은 시간동안 기도해도 어떤 결과도 얻지 못할 것입니다.

당신의 기도 생활을 방해하는 것들은 어떤 것이 있을까요?

예수님은 마가복음 11:25에서 한 가지 장애물을 가르쳐 주셨습니다. 마가복음 11:24에서 믿음의 기도에 관해서 말씀하신 후에 예수님은 용서하지 않는 것은 기도 응답을 가로막는 장애물이라고 말씀하십니다.

> 그러므로 내가 너희에게 말하노니, 너희가 기도할 때에 바라는 것들은 무엇이나 받은 것으로 믿으라. 그리하면 너희 것이 되리라. 너희가 서서 기도할 때에 만일 어떤 사람과 적대 관계에 있다면 그를 용서하라. 그러면 하늘에 계신 너희 아버지께서도 너희 죄들을 용서하시리라. 그러나 만일 너희가 용서하지 아니하면 하늘에 계신 너희 아버지께서도 너희 죄들을 용서하지 아니하시리라고 하시더라. 막 11:24-26

너희가 기도할 때에 용서하라. 왜 예수님은 이런 말씀을 하셨을까요? 우리가 우리 심령에 어떤 사람에 대해 용서하지 못하는 것이 있으면 우리의 기도가 효과가 없어지게 된다는 것을 예수님은 알고 계셨기 때문입니다.

사랑 가운데 행하며 빨리 용서하는 것을 실천하지 않으면 당신은 당신의 영을 발전시키는 일과 주님으로부터 안내와 지시를 받는 능력을 발전시키는 데 막대한 방해를 받게 될 것입니다. 왜냐하면 하나님은 당신의 심령, 즉 영을 통해서 당신을 인도하시기 때문입니다.

베드로전서는 신자의 기도 생활을 방해하는 다른 한 가지를 더 언급하고 있습니다.

> 이와 같이 너희 남편들아, 아내들을 더 연약한 그릇으로서 또 생명의 은혜를 함께 상속받을 자로서 귀히 여기되, 지식을 따라 그들과 동거하라. 이는 너희의 기도가 막히지 않게 하려 함이니라. 끝으로 너희는 모두 한 생각을 품고 서로 동정하고 형제로서 사랑하며, 인정을 베풀고 예의를 지키며 악을 악으로 또는 욕을 욕으로 갚지 말고 도리어 복을 빌라. 이를 위하여 너희가 부르심을 받은 것을 아노니 이는 너희로 복을 상속받도록 하려 함이니라. 벧전 3:7-9

7절은 남편들이 자기 아내들을 생명의 은혜의 공동 상속자로서 그에 합당한 대접을 하지 않을 때 그들의 기도가 방해받을 수 있다고 말하고 있습니다. 서로에 대해서 사랑 가운데 행하지 않을 때 남편과 아내 모두 다 그들의 기도 생활과 영적인 발전에 방해를 받을 수 있습니다. 이것은 절대적인 진리입니다!

이 성경의 원리는 모든 믿는 자들에게 적용되는 진리입니다. 다른 말로하면 만일 당신이 당신 심령에 있는 어떤 악한 의도나 적대감, 용서하지 못하는 마음을 없애지 않으면 당신은 하나님과 당신과의 의사소통의 통로를 막는 것입니다.

당신의 삶에서 성공적인 기도 생활과 영의 발전을 방해함으로써 당신이 하나님을 성공적으로 따르지 못하게 만드는 것은 이 이외에도 또 있습니다.

만일 당신에게 개인적으로 멍에가 되는 것들, 즉 당신이 당신의 능력을 최고로 발휘하여 영적인 경주를 하지 못하게 하는 어떤 무거운 것이나 죄를 벗어버리지 않으면 당신의 기도 생활은 방해를 받을 것입니다(히 12:1).

그러므로 하나님의 축복과 영광과 인도의 홍수를 막는 댐을 쌓지 마십시오! 당신의 삶 가운데 성령의 흐름을 방해하는 무거운 것들과 죄들을 붙잡고 있지 마십시오. 이런 것들을 당신의 마음과 심령으로부터 없애버리십시오. 이런 것들을 회개하고 예수님의 피로 덮어버리십시오.

어떤 문제에 대해서 하나님의 안내를 구하기 전에 당신의 기도 생활을 방해하는 것들을 먼저 처리하십시오. 그러면 당신은 당신의 심령이 깨끗하고 막히는 것이 없으므로 성령님께서 당신에게 말씀하시는 것을 들을 수 있습니다.

당신의 길에 있는 장애물들을 하나님께서 제거하도록 하십시오

어떤 문제에 관해서 하나님의 안내를 받았으면 하나님의 계획을 따르는 길에 있는 겉으로 불가능해 보이는 장애물들에 대하여 관심을 가지지 마십시오. 그 길을 한 발자국씩 걸으면서 주님께 지혜를 구하고 하나님께 계속해서 순종하면 당신은 하나님께서 장애물 하나하나를 제거하시는 것을 보고 놀라게 될 것입니다.

예를 들면 한 번은 내가 어떤 특별한 교회를 목사로서 섬기는 데 대하여 하나님께서 약 2년 전에 미리 나를 다루기 시작했던 것을 기억합니다. 나는 내 영으로 이 교회를 떠올리기 시작했고 주님께 이렇게 여쭈어 보았습니다. "주님 제가 그 교회를 목사로서 섬기라고 말씀하시는 것입니까?"

이 문제에 관해서 기도를 계속하면서 나는 주님께서는 내가 그 특별한 교회를 목사로서 섬기기를 바라신다는 것을 확신하게 되었습니다.

그래서 나는 이렇게 기도했습니다. "주님, 그 교회를 내가 목회하는데 방해가 되는 큰 장애물들이 보이는데요. 그냥 보면 그 장애물들은 올라갈 수 없는 산처럼 보입니다. 그러므로 주님께서 어떻게 하셔야만 제가 거기 가서 목회를 할 수 있습니다."

내가 믿음의 말씀과 병 고침에 관한 설교를 한다는 것 때문에 그 교회의 몇몇 지도자들이 나의 사역을 반대하고 있었습니다. 그들은 그들이 믿고 있는 것에 관해서 소란을 피우고 나와 다투기를 원하면서 과거에도 나와 맞서려고 한 적이 있었습니다. 그러나 나는 조용히 있으면서 그들이 소란을 피우도록 놔두었습니다. (나는 오래 전부터 다른 사람이야 사랑으로 행하든지 말든지 관계없이 나는 사랑 가운데 행하기로 했었습니다!) 그래서 나는 주님께 "주님께서 내게 그 교회에서 목회자로 섬기라고 말씀하신 것에 대하여 내가 스스로 그 일이 일어나도록 하려고 애쓰지는 않겠습니다. 나는 어떤 사람에게 어떤 말도 하지 않겠습니다. 주님께서 그 일을 이루시는 동안에 나는 내가 지금 섬기고 있는 교회를 돌보는 데만 전념할 것입니다."

하나님은 바로 그렇게 하셨습니다! 놀랍게도 나를 그렇게 완강하게 반대하던 그 지도자들이 2년 후에 바로 내가 그 교회에 와서 목회하도록 요청한 그 사람들이었습니다! 이 문제를 가지고 내가 계속 기도를 하면서 하나님을 신뢰할 때 하나님은 모든 장애물들을 다 해결해 주셨습니다.

이런 상황 가운데서도 하나님께서 일하실 수 있도록 내가 하나님을 신뢰할 수 있었던 것은 바로 그 교회의 목사로서 섬기는 것이 나를 위한 하나님의 뜻이라는 것을 내 영 안에서 확실히 알 때까지 내가 기도하면서 먼저 하나님을 찾았기 때문이었습니다.

하나님의 계획의 비밀을 기도하는 실제적인 통찰력들

주님 앞에서 기다리는 것을 배우는 것과 우리의 삶을 향한 하나님의 계획의 비밀을 기도하는 것은 매우 중요합니다. 우리가 할 수 있는 방법 중 한 가지는 방언으로 기도하는 것입니다.

방언으로 기도를 할 때 우리는 비밀을 하나님께 기도하고 있는 것이라고 성경은 말씀하고 있습니다. "알지 못하는 방언으로 말하는 사람은 사람에게 말하지 아니하고 하나님께 하므로 아무도 알아듣지 못하니 이는 그가 영으로 신비들을 말함이니라"(고전 14:2) 모팟의 번역본은 우리가 '성령 안에서 하나님의 비밀들divine secrets in the Spirit'을 기도하는 것이라고 말하고 있습니다.

우리에게 일어났어야 했는데 안 일어난 좋은 일이나 우리에게 일어나는 많은 나쁜 일들은 우리가 과거에 하나님의 계획을 기도하지 않았기 때문에 나타난 결과입니다. 성령으로 기도함으로써 우리가 미리 기도하게 되는 많은 것들을 하나님은 우리의 미래에 계획해 두셨습니다. (우리가 성령님의 기름부음으로 기도를 할 때는 우리의 모국어로도 할 수 있고 방언으로도 할 수 있습니다.)

좋은 일이든지 나쁜 일이든지 현재 당신의 삶 가운데 일어나고 있는 일은 사실 지난날에 당신이 기도했거나 기도하지 않은 결과입니다. 미래에 당신의 삶 가운데 일어날 일은 현재의 당신의 기도생활의 결과일 것입니다.

때때로 성령님께서는 당신의 삶에 대한 하나님의 계획 중에서 어떤 것에 관해서 기도하라는 인상을 당신에게 주십니다. 기도하도록 하는 성령의 기름부음이나 감동을 당신은 받게 될 것입니다. 그러나 당신이 성령님이 촉구하시는 것을 무시하고 이런 저런 일들로 자신을 바쁘게 만들어버리면 그 기름부음은 떠나버리고 당신은 언제 그런 느낌을 받았었느냐는 듯이 무관심하게 됩니다! 만일 당신이 이렇게 성령님이 촉구하시는 것을 계속 무시해버리면 당신은 성령님이 근심하도록 하게 하고 그러면 성령님은 그 문제에 대해서 더 이상 당신을 다루지 않게 됩니다.

그러므로 성령님의 일반적인 자극에 민감한 상태를 항상 유지하려고 결단을 하십시오. 당신의 삶을 위한 하나님의 안내와 지시를 받기 위해서 말씀과 기도 안에서 주님을 기다리는 데 시간을 드리십시오. 당신의 마음이 잠잠해지고 더 이상 활동을 하지 않을 때까지 그분 앞에 충분한 시간을 드리며 기다리십시오. 당신의 모든 육체적인 감각과 감정들이 활동을 하지 못하도록 잡아 가둠으로써 이런 것들이 더 이상 당신을 지배하지 못하도록 기도하면서 충분히 기다리십시오. 그러면 당신은 당신의 영으로부터 들을 수 있게 될 것입니다.

또한 당신이 하나님의 임재 안에서 시간을 보내면서 찬양하며 경배하며 주님을 섬기면 당신의 마음은 잠잠해지고 영은 강건하게 될 것입니다. 주님을 섬기면서 많은 시간을 보내는 것이 당신의 영을 발전시키는 데 큰 도움이 되는 이유입니다.

주님을 섬긴다는 것이 무엇입니까? 주님을 섬긴다는 것은 주님이 어떠한 분이시며 주님이 당신을 위해 행하신 모든 일에 대하여 그분을 사랑하고 경배하면서 그분의 임재 안에서 머무는 것을 의미합니다. 이것은 주님의 영광과 능력을 들여마시는 것이며 당신의 존재의 모든 부분에 그분이 스며들게 하는 것입니다.

주님을 섬기는 것은 당신의 심령이 그분의 음성을 듣는 데 도움이 될 것입니다. 예를 들면 사도행전 13:2에는 "그들이 (안디옥에 있는 어떤 선지자와 교사들) 주를 섬기며 금식하고 있을 때 성령께서 말씀하시기를…"(행 13:2)라고 말씀하고 있습니다. 당신이 주님을 경배하게 되면 당신은 성령께서 당신의 심령에 말씀을 하실 수 있는 어떤 분위기를 만드는 것입니다.

그저 주님을 사랑하며 경배하면서 시간을 드리면 당신의 마음과 감정을 조용하게 하고 예수님께만 집중하는 것이 훨씬 쉬워집니다.

그러므로 당신이 주님과 친밀한 교제를 경험하고 그분이 당신에게 말씀하는 것을 듣기 원한다면 그분을 섬기면서 많은 시간을 보내십시오.

당신의 마음과 몸을 조용하게 만드는 데는 시간이 좀 걸릴 것입니다. 그래서 성경은 "너희는 가만히 있어 내가 하나님 됨을 알지어다"(시 46:10)라고 말씀하고 있습니다.

당신의 몸을 조용하게 만들도록 시간을 드리십시오. 당신의 마음이 조용하게 만드십시오. 당신의 생각을 물들이는 당신의 감정이 전혀 없어질 때까지 당신의 감정을 가라앉히도록 하십시오. 당신의 마음과 몸이 조용해지면 당신의 가장 깊은 곳을 통해way down deep in your innermost being 성령께서 당신에게 말씀하는 것에 귀를 기울이십시오. 가끔 당신의 마음이 안개 속에 있는 것처럼 보일지라도 주님은 당신의 영을 비추셔서 당신에게 필요한 안내를 해 주실 것입니다.

당신이 영적으로 게을러져서 주님께서 당신의 영을 통해

당신에게 말씀하시는 것을 듣지 못하게 되도록 하지 마십시오. 당신이 영적으로 무기력해지게 되면 당신은 실제로는 당신 자신의 혼적인 욕심을 따라가면서 자신은 하나님의 계획을 언제나 따라가고 있다고 착각하게 되는 지경까지 이를 수도 있습니다.

당신은 당신의 영을 통한 주님의 인도와 당신의 혼적인 생각과 욕심을 구별하는 것을 배워야 합니다. 그러기 위해서는 혼과 영을 구별할 수 있는 유일한 말씀에 철저히 근거를 가지고 있어야 합니다(히 4:12).

말씀 안에 확립이 되는 것은 당신이 사탄의 음성을 알아차리는 것을 배우는 데도 도움이 됩니다. 마귀는 당신을 속이려고 아주 구별하기 어려운 거짓말을 하려고 할 것입니다(요 8:44, 계 12:9).

그러나 하나님은 당신의 영에 말씀하시며, 하나님이 말씀하시는 것은 언제나 하나님의 말씀과 일치한다는 것을 기억하십시오. 그러므로 당신이 인도받고 있는 것을 항상 성경에 비추어 점검해 보십시오. 하나님은 자신의 말씀에 있는 원칙들을 벗어나서는 결코 한 발자국도 당신을 인도하지 않을 것입니다.

또한 당신이 생각하고 있는 행동을 취하려고 하는 당신의 동기를 점검해 보십시오. 스스로 이렇게 질문해 보십시오. '나는 왜 이것을 하려고 하는가? 단지 다른 사람이 하고 있기 때문에 나도 이것을 하려 하는가? 내 자신의 이기적인 유익 때문에 하고 싶어 하는 것은 아닌가? 이것은 나의 혼적인 본성이 원하는 것인가 아니면 하나님께서 네게 원하는 것일까?'

때로는 이런 질문들을 해결하는 데 당신은 하나님의 임재 가운데서 상당히 많은 시간을 보내야합니다. 항상 한번의 기도로 해결되는 것이 아닙니다.

어떤 경우에는 당신의 동기를 순수하게 하고 말씀을 따라 당신의 우선순위를 바로 함으로써 당신의 혼이 소리치는 것인지 당신의 영의 음성인지 구별할 수 있도록 주님 앞에서 기다리는 데 오랜 기간이 걸리기도 합니다.

그러나 만일 당신의 내부가 충분히 조용하게 되고 당신이 하나님의 말씀을 묵상하고 성령으로 충분히 오랫동안 기도한다면 당신은 성령 안으로 깊이 들어가게 되고 당신은 당신의 혼과 당신의 영의 사람을 구별할 수 있게 될 것입니다. 당신은 당신 자신의 소원과 욕심과 하나님께서 당신을 위해 원하시는 것의 차이를 말할 수 있게 될 것입니다.

그러면 당신의 내부 깊은 곳으로부터 안내와 방향이 떠오를 것입니다. 그리고 당신은 확신을 가지고 이렇게 말할 수 있게 될 것입니다. "이제 어떻게 할지 나는 알았다! 이것은 주님의 선택이다. 지난날에는 내 자신의 감정과 내 자신의 인간적인 성격을 따라 잘못 인도받았었다. 그러나 이제는 나의 영으로 주님으로부터 들었다. 온 세상이 나를 반대하며 그렇지 않다고 할지라도 하나님께서 내가 무엇을 하기를 원하시는지를 나는 안다!"

하나님의 뜻에 순종하여 하나님의 계획을 따라가면 당신은 하나님께서 당신을 위해 공급하시는 복들을 누리게 될 것입니다.

하나님의 말씀을 끊임없이 낮은 목소리로 읊조림으로써 당신의 영을 먹이고, 주님과 교제를 함으로써 당신 자신의 영을 섬기는 것은 당신의 삶을 위한 하나님의 뜻을 확신할 수 있도록 당신의 영을 발전시키는 데 있어서 당신이 할 수 있는 가장 중요한 것입니다. 이것이 되어진 다음에야 당신은 당신을 위해 하나님이 공급하시는 풍성함 속에 살 수 있습니다.

많은 그리스도인들이 정신적이고 육체적인 영역에 머물러 있음으로써 이것을 놓치고 있습니다. 영적인 영역이 기타 모든 것들이 그로부터 자라나는 땅이요, 뿌리요, 줄기라는 것을 잊어버리고 그들은 자신들의 마음과 감정을 따라 매우 흔들립니다. 그래서 그들은 정신적이고 상식적인 조언을 해 줄 사람을 찾아 여기저기 뛰어 다닙니다.

그러나 만일 그들이 그런 짓을 그만두고 내부를 조용하게 만들고 주님과 교제를 하면 그들도 하나님께서 그들의 심령에 말씀하시는 것을 듣기 시작하게 될 것입니다. 평안과 자족하는 마음과 만족감이 그들의 영으로부터 흘러나와서 그들의 마음과 감정으로 흘러들어갈 것입니다. 그들이 가지고 있던 모든 의문들은 김이 빠져나가듯이 가라앉아 아무것도 아닌 것이 되어 버리고 그들의 몸까지도 기쁨과 건강으로 반응할 것입니다.

어떤 사람은 이렇게 말할 수도 있습니다. "나는 오랫동안 기도해 왔는데도 아직도 아무 소리도 듣지 못했습니다." 그렇다면 당신은 들을 때까지 움직이지 마십시오! 말씀과 기도 안에서 주님을 계속 찾으십시오.

다른 어떤 사람은 이렇게 말할 수도 있습니다. "나는 하나님께서 내게 답을 주시도록 이만큼만 시간을 드릴 것입니다. 만일 하나님께서 답을 안 주시면 나는 내 방법대로 할 것입니다." 아닙니다. 그렇게 되는 것이 아닙니다. 당신은 하나님께 마감 시간을 정해 드릴 수 없습니다! 만일 그렇게 한다면 당신은 확실히 잘못된 길로 가게 될 것입니다! 당신은 하나님께서 당신에게 그분의 시간에 그분의 방법으로 답을 주실 것을 믿고 주님 앞에서 기다려야만 합니다.

만일 당신이 성령님의 인도를 받기를 원한다면 그분의 인도하심이 당신 자신의 인간적인 이론과 기대와 욕망과 일치하지 않더라도 그분의 인도하심에 항상 기꺼이 반응을 보이십시오. 잘못된 생각이나 이기적인 야망 때문에 하나님의 인도를 구별하는 자신의 능력을 방해하지 마십시오. 주님이 당신에게 말씀하실지 모르는 어떤 것에든지 당신의 심령을 열고서 가르침을 받을 수 있는 상태를 유지하십시오. 당신이 이렇게 하기만 하면 하나님은 당신에게 그분의 길을 가르쳐 주시고 당신의 삶을 위한 그분의 계획 속으로 당신을 인도하실 것입니다.

나의 삶에서도 나는 항상 성령님의 인도에 즉시 반응하려고 이미 오래 전에 결단을 하였습니다. 수년 동안 내가 말씀과 기도 속에서 주님의 인도를 구하려고 시간을 드리기만 하면 하나님은 언제나 나에게 답을 주셨습니다. 성령님은 내 영에 하나님의 계획을 증거해 주셨고 나는 그 문제에 관해서 하나님의 인도를 받았다는 것을 내 속으로 알곤 했습니다. 나는 내 자신의 이름을 아는 것보다도 그것을 더 잘 알았습니다.

말씀과 기도 안에서 더욱 많은 시간 주님을 기다리면 기다릴수록 당신은 다음에 취할 행동에 대해서 더 확실하게 알게 될 것입니다. 하나님의 임재 안에서 당신의 삶에서 하나님으로부터 말미암지 않은 것들은 차츰 떨어져 나가게 될 것입니다.

과거에 당신을 넘어지게 했던 무거운 것들과 죄들로부터 더 이상 시달리지 않는 곳에 당신은 이르게 될 것입니다. 그리고 당신은 분명하게 정해진 아버지의 뜻 안에서 걸어갈 수 있는 자신을 발견하게 될 것입니다.

당신이 말씀을 따라 당신의 삶을 위한 하나님의 계획의 비밀을 기도하는 것을 실천하면 주님은 당신을 전에 경험했던 것보다 더 깊은 기도의 영역으로 이끌어 가실 것입니다.

나는 하늘의 구름처럼 흘러가는 어떤 신비한 영역이나 너무 영적이라서 세상에는 아무 쓸모없는 그런 것을 말하고 있는 것이 아닙니다! 나는 주님과 좀 더 친밀한 수준의 교통을 누리는 것을 배우는 것에 관해서 말하고 있는 것입니다. 하나님의 영에 관한 것들이 당신 주변의 자연 세계보다도 당신에게는 더 실제적이 될 것입니다.

이것이 바로 모든 믿는 사람들에게 해당되는 것이어야만 합니다. 성령 안에서 걷는 것이 하나님의 자녀들에게는 정상적인 것이 되어야만 합니다. 믿는 사람이 성령님의 인도를 받고 믿음으로 걷는 것은 물고기가 바다에서 헤엄을 치는 것이나 새가 하늘을 나는 것처럼 자연스러운 것이 되어야만 합니다.

이와 같이 당신은 당신 안에 사시는 성령님께 주파수가 잘 맞추어져 있어서 당신의 삶의 모든 상황에서 당신이 안내와 지시를 받기 위해 주님을 찾을 때 그분이 당신에게 뭐라고 말씀하시는지를 정확히 알게 될 것입니다. 당신은 하나님과 실제로 역사하는 관계로 발전하게 될 것입니다.

실제로 역사하는 관계a working relationship란 무엇을 의미할까요? 당신이 당신의 하늘 아버지와 너무나 친해져서 마치 어린아이가 그의 지상의 아버지에게 말을 하듯이 하나님과 모든 것을 이야기하는 것이 자연스럽게 되는 것을 말합니다. 당신은 하나님께 먼저 여쭈어 보지 않고는 결코 중요한 결정을 하지 않을 것이며 하나님께서도 당신에게 먼저 말하지 않고는 당신에 관계된 어떤 것도 하지 않을 것입니다.

그리스도인으로서의 살아온 삶을 통해서 나는 주님과 이 정도의 친밀한 실제적으로 역사하는 관계를 발전시켜 왔습니다. 그것이 무엇이든지 나는 지속적으로 하나님의 뜻에 내 자신을 헌신하였습니다. 그러나 나는 아들이 그의 아버지에게 말을 하는 것과 똑같이 항상 그분과 대화를 하는 데 거리낌이 없었습니다.

예를 들면 별로 중요하지 않은 어떤 문제에 대해서 내가 주님께 "주님이 괜찮으시다면 이렇게 할 수도 있지 않겠어요?"라고 여쭈었습니다. 주님은 내게 "나는 괜찮다. 그것은 내가 생각하고 있던 것과 정확히 일치하지는 않지만 네가 그렇게 하기를 원한다면 그렇게 해도 좋다"라고 주님은 내게 말씀하셨습니다.

또 한 번은 주님께서 내게 이렇게 말씀하신 적도 있었습니다. "안 된다. 그렇게 해 달라고 요구하지 말아라. 그것은 최선이 아니다." 그래서 나는 그분의 지혜를 믿고 그분께 순종하였습니다.

당신이 말씀 안에 머물러 살고 있다면 당신은 주님과 친밀한 관계를 가질 수 있습니다. 그러므로 "모든 일에 기도로 깨어 있고 기도로 해결해 나가십시오"Pray up 뿐만 아니라 성령님께서 인도하시도록, 앞서 가시도록 양보하는 상태를 유지하십시오. 하나님께서는 당신이 자신의 영을 발전시킴으로써 하나님과 아주 가까운 교제를 누리게 되기를 바라십니다. 기도하면서 당신이 주님의 임재를 기다리는 동안 바로 그 달콤한 교제가 이루어지고 있는 거룩한 곳에서 하나님께서 앞으로 일어날 일들에 관해서 당신에게 보여 주실 때 당신은 때때로 당신을 위한 하나님의 계획을 성령 안에서 살짝 보게 될 것입니다(요 16:13).

당신을 위한 하나님의 계획을 사탄이 망치지 못하게 하십시오

주님의 임재 가운데서 당신이 시간을 보내게 되면 당신은 하나님과의 새로운 교제의 차원으로 들어가게 될 뿐만 아니라 당신의 삶 가운데서 사탄의 전략을 멈출 수 있도록 하는 예수 이름의 능력과 권세에 관해서 더 깊이 깨닫게 될 것입니다.[3] 사탄은 당신의 삶 가운데 하나님의 목적을 이루지 못하도록 하기 위해서 훼방을 놓기 위해 최선을 다할 것이기 때문에 이것은 너무나 중요합니다.

당신을 위한 그분의 계획에 대해서 말씀으로나 성령으로 주님께서 당신에게 말씀하셨습니까? 혹은 주님이 당신의 심령에 말씀하신 것을 기다리고 기다렸는데도 아직 아무 일도 일어나지 않았습니까? 결과가 나타나지 않는 이유가 사탄이 당신을 방해하고 있는 전략 때문이 아닌지 알기 위해서 당신은 주님을 찾을 필요가 있습니다. 만일 이런 경우라면 사탄이 당신을 대항하여 사용하고 있는 것이 어떤 문제이든지 환경이든지 상관없이 당신은 당신의 산을 향하여 말해야 합니다. 예수님의 강력한 이름으로 당신의 산이 제거되도록 명령해야 합니다(막 11:23).

우리의 삶 가운데서 하나님의 계획이 이루어지는 것을 원하지 않는 원수를 대항하여 우리는 자주 말씀 위에 굳게 서서 싸우며 기도하면서 영적 전쟁을 해야 합니다. 나는 정신적인 혹은

---

[3] 믿는 자의 권세에 대하여 좀 더 알고 싶으신 분들은 케네스 E. 해긴 목사님의 저서 '믿는 자의 권세'를 보십시오.

육체적인 싸움을 말하고 있는 것이 아닙니다. 하나님의 말씀을 가지고 믿음의 선한 싸움을 하면서 예수의 이름으로 영적인 어둠의 세력들을 대항하여 굳세게 맞서는 것을 나는 말하고 있는 것입니다(엡 6:12, 딤전 6:12).

우리가 예수의 이름으로 하나님으로부터 받은 권세를 사용하면 우리는 예수님께서 이미 우리를 위해서 십자가 위에서 값을 지불하신 그 승리를 마귀에게 강요하는 것입니다(골 2:15, 히 2:14). 이것이 바로 바울이 디모데전서에서 말하고 있는 그런 전쟁입니다.

> 아들 디모데야, 내가 너에게 부탁하노니, 전에 너에게 주어진 예언들을 따라 그것으로 선한 싸움을 싸우며   딤전 1:18

나의 사역 가운데서도 내가 나의 삶을 위한 하나님의 계획을 따르지 못하게 하려고 지옥의 모든 귀신들이 무리지어 덤비는 것 같은 경우가 있었습니다. 예를 들면 내가 마지막으로 섬기던 교회를 떠난 후 처음 다섯 달 동안은 마치 그 전에 15년 동안 당면했던 모든 귀신들보다도 더 많은 귀신들이 나를 대항하여 맞서는 것 같이 보였습니다.

어느 쪽을 돌아보든지 나는 원수의 반대와 억압만을 마주쳤습니다. 마귀는 하나님께서 나를 위해 계획해 놓으신 사역 장소로부터 나를 떠나게 하려고 애를 썼지만 나는 기도하면서 예수 그리스도의 이름의 권세를 흔들림 없이 사용함으로써 마귀를 이겨냈습니다. 성경은 이것을 믿음의 선한 싸움이라고 말하고 있습니다. 왜냐하면 가끔 우리는 원수를 대항하여 인내로써 흔들림 없이 우리의 위치를 지켜야하기 때문입니다(엡 6:11-18).

당신도 이와 같이 할 수 있습니다. 예를 들자면 우울하게 하는 영이나 억압하는 영이 당신의 영을 나태하게 하거나 당신의 마음을 흐려지게 하거든 당신은 예수의 이름으로 그 원수에게 당신을 대항하는 활동을 그만 두라고 명령할 필요가 있습니다.

당신의 삶의 모든 영역에서 사탄의 능력이 깨뜨려지라고 명령하십시오. 하나님의 말씀과 강력한 예수의 이름으로 원수의 전략을 대항하여 당신의 자리에 굳게 서 있으십시오.

그와 동시에 당신의 삶 가운데 하나님의 목적이 반드시 이루어 질 것이라는 믿음의 고백을 굳게 하십시오. 이렇게 말하기 시작하십시오. "주님께서 내게 말씀하셨습니다. 그러므로 예수의 이름으로 반드시 그렇게 될 것입니다!"

당신이 예수 그리스도의 권세의 영역 안에서 행동하게 되면 어떤 사람이나 어떤 적이나 어떤 귀신이나 어떤 환경도 당신의 삶을 위한 하나님의 계획을 이루는 것과 당신 사이를 가로 막고 서 있을 수 없을 것입니다. 당신이 자신의 영을 발전시키고 성령님의 인도를 언제나 따르기로 결심한다면 당신은 점점 더 승리하는 삶을 살게 될 것이며 당신을 위한 하나님의 계획을 풍성하게 경험하게 될 것입니다.

성령님께서 당신을 인도할 여러가지 방법들과 말씀대로 믿고 행하면 당신이 성령님의 안내를 성공적으로 따르는데 도움이 될 성경적인 원칙들을 이미 말씀드렸습니다. 그러나 자연의 모든 것들이 그렇듯이 영적인 것들도 실제로 연습해야 된다는 것을 기억하십시오.

그러므로 하룻밤에 성장하여 영적으로 성숙하게 발전되지 않는다고 낙심하거나 서두르지는 마십시오. 당신의 몸이나 정신적인 것도 하룻밤에 성장하지는 않았습니다, 그렇지 않던가요?

당신은 일 학년으로 입학한지 일주일 만에 고등학교를 졸업하지 않았습니다! 당신은 하룻밤에 성숙한 신자가 되지 않습니다. 이와 마찬가지로 당신의 영적인 발전도 역시 시간이 조금 걸립니다.

그러므로 당신의 삶에서 주님의 안내와 인도를 받기 위해서는 끊임없이 부지런히 주님을 찾으십시오. 당신의 삶을 위한 하나님의 계획을 망치려고 하는 사탄의 시도를 멈추도록 하나님께서 주신 예수 그리스도의 이름의 권세를 사용하는 것을 잊지 마십시오. 무엇보다도 중요한 것은 하나님의 말씀을 낮은 소리로 읊조리며, 하나님을 경배하며, 성령으로 기도하면서 하나님의 임재 안에서 많은 시간을 보내십시오.

몇 번 놓쳤다고 화를 내지 마십시오. 그냥 영적으로 계속 자라면서 당신의 영을 발전시키십시오. 당신 자신의 마음을 따라 살기를 거절하고 주님께 주님의 생각이 당신의 생각이 되게 해 달라고 구하십시오. 당신이 말씀에 뿌리를 내리고 튼튼히 서서 당신의 영의 소리를 듣기 위해 귀를 기울이는 데 시간을 드리면 성경은 당신이 성령님의 인도를 받는 것을 배우게 될 것을 약속하고 있습니다!

05

성령님이 인도하는 다른 길들

그러나 진리의 영이신 그분이 오시면 너희를 모든 진리로 인도하시리라. 그분은 스스로 말씀하지 아니하시며, 무엇이나 들은 것을 말씀하실 것이요, 또 너희에게 다가올 일들을 알려 주시리라.   요 16:13

우리는 성령님이 신자를 인도하는 세 가지 주된 방법에 대해서 말했습니다. 즉 내적 증거와 조용하고 작은 목소리와 성령님의 권위 있는 목소리입니다. 그러나 우리가 우리의 삶을 위한 하나님의 계획을 따르는 성령님의 다양한 인도 방법에 대한 실례를 들어 보겠습니다.

하나님은 개인적으로 당신을 인도하실 것입니다

무엇보다도 당신의 삶에 관해서 하나님의 인도를 받는 것은 당신 자신의 개인적인 책임이라는 것을 강조하고 싶습니다. 하나님께서는 당신을 개인적으로 당신의 삶의 모든 영역에서 인도하고 안내함으로써 당신이 당신 앞에 놓인 영적인 경주를 성공적으로 달릴 수 있기를 바라십니다.

가끔 다른 사람을 통해서 당신의 영에 이미 가지고 있는 것을 확인시켜 주기는 하지만 하나님께서는 다른 사람을 통해서 당신을 인도하고 안내하지는 않을 것입니다. 하나님은 그분의 영으로 당신을 인도할 것입니다.

어떤 그리스도인들은 자신을 위해서 하나님의 안내를 구하는 책임을 기꺼이 지려고 하지 않습니다. 그들은 쉬운 길을 찾을 뿐입니다. 영적으로 발전하는 데는 시간과 노력이 들기 때문에 그들은 자신들의 개인적인 하나님과의 관계를 의지하고 싶어하지 않습니다. 그들은 누군가 다른 사람이 그들을 위해서 하나님께 구해서 자신들에게 어떻게 하라고 말해 주기를 바랍니다. 이런 사람들은 자신들의 삶을 위한 하나님의 최고 좋은 것을 놓치게 됩니다. 왜냐하면 하나님은 다른 사람들을 통해서 그들을 인도하지 않을 것이기 때문입니다. 그뿐만 아니라 하나님께서는 그분의 자녀들과 개인적인 관계를 가지기를 바라기 때문입니다.

하나님은 우리들 중 어느 누구도 다른 사람들이 무엇을 하라고 말해주도록 부르시지 않았습니다. 물론 말씀과 성령을 따라 지혜로운 조언을 함으로써 다른 사람을 도와줄 수는 있어도 하나님은 그분의 자녀들이 각자의 안에 살고 있는 성령님의 인도를 받기를 원하십니다.

사람들이 성령님이 각 사람들에게 말씀하고 있는 것을 듣고 귀를 기울이는 책임을 그냥 받아들이기만 해도 사람들의 삶은 너무나 달라질 것입니다! 만일 어떤 사람이 성령님의 안내를 따르는 법만 배우기만 해도 많은 시련과 어려움들을 피할 수 있을 것입니다.

사도행전 27장에서 우리는 사람들이 성령님의 경고에 주의하지 않았기 때문에 엄청난 시련을 만나게 되는 성경적인 예를 볼 수 있습니다. 성령님은 로마로 향하는 배를 타고 있는 죄수였던 바울에게 임박한 위험에 관해서 지혜로운 조언을 하였습니다. 실제로 바울은 배를 타고 있던 사람들 중에서 하나님으로부터 들을 수 있는 위치에 있었던 유일한 사람이었을 것입니다. 바울은 그 항해를 책임지고 있는 사람들에게 위험이 앞에 있다고 경고를 했습니다.

말하기를 "여러분, 내가 보니 이번 항해에 화물과 배뿐만 아니라 우리 생명에도 상당한 손실과 피해가 있으리라"고 하나 백부장은 바울이 말한 것보다는 선장과 선주의 말을 더욱 믿더라. 또한 그 항구는 겨울철을 위한 대비가 잘되어 있지 않으므로 대다수의 의견은 그곳을 떠나 어떻게 해서든지 페니케로 가서 그곳에서 겨울을 지내라는 것이더라. 그곳은 크레테의 한 항구로 남서와 북서쪽으로 향하고 있더라. 남풍이 순하게 불자 그들은 자기들의 뜻을 이룬 줄로 생각하고 닻을 올리고 크레테 옆으로 가까이 항해하는데 얼마 안되어 유로클리돈이라는 폭풍이 그곳을 향해 불어서……

여러 날 동안 해와 별들이 보이지 않고 적지 않은 풍랑이 우리를 몰아치니, 우리가 구조될 소망이 모두 사라져 버리니라. 여러 날을 먹지 못한 뒤에 바울이 그들 가운데 서서 말하기를 "여러분, 여러분이 내게 경청하고 크레테를 떠나지 아니하였으면 이와 같은 타격과 손실을 입지 아니하였으리라."

행 27:10-14, 20-21

10절에서 바울이 "성령님께서 내게 말씀하셨습니다"라고 말하지 않은 것을 주의하십시오. 그는 "내가 보기에는I perceive"라고 말했습니다. 바울은 그들이 만일 겨울이 되기 전에 더 항해를 하려는 모험을 한다면 그들 앞에 위험이 있다는 것을 영적으로 인지했거나 내적인 증거를 가지고 있었음에 틀림없습니다.

만일 그때 그 여행을 책임지고 있던 사람이 바울의 말을 들었더라면 그들은 배를 잃지 않아도 되었을 것입니다! 그러나 그들은 바울의 말을 듣지 않았습니다. 환경은 좋아보였고 남풍은 부드럽게 불고 있어서 그들은 항해를 계속했습니다.

그러나 곧 거대한 태풍이 그 배와 승객들을 몰아쳤습니다. 이 폭풍이 바로 그들이 출발하기 전에 바울이 그의 영으로 느꼈던 그 위험이었습니다. 폭풍 때문에 그들은 모든 화물을 잃어버렸습니다. 배도 잃어버렸습니다. 배의 책임을 진 사람들이 배가 좌초하기 전에 바울의 말을 듣지 않았더라면 그 배를 탔던 모든 사람들도 다 죽을 뻔했습니다(행 27:22-26, 30-38).

그들이 마침내 성령님께서 바울에게 한 말을 들었기 때문에 하나님은 그 배를 탔던 모든 사람들의 생명을 살려주셨습니다(행 27:44). 그렇지만 그들이 바울을 통해 말씀하시던 것을 처음부터 들었더라면 얼마나 더 좋았겠습니까!

이런 일들이 오늘날에도 똑같이 일어나고 있습니다. 사람들은 흔히 삶의 폭풍 한 가운데서 아무 대책이 없을 때에야 비로소 하나님께 귀를 기울이기 시작합니다. 그들은 하나님께 귀를 기울여 듣고 하나님의 말씀에 순종하지 않으면 물속으로 가라앉게 되는 처지에 자신들을 처하게 합니다.

인생의 폭풍은 모든 사람에게 닥칩니다. 그러나 어떤 폭풍들은 우리가 처음부터 주님의 인도하심에 귀를 기울이기만 하면 모두 피할 수 있습니다!

우리가 선택하는 것입니다. 그렇습니다. 우리는 인생의 폭풍이 우리를 뒤흔들 때까지 기다리다가 성령님께 귀를 기울이기 시작할 수 있습니다. 그렇지만 우리가 성령님의 자극에 귀를 기울이기는 쪽을 선택함으로써 남풍이 부드럽게 불고 있고 모든 것이 매끄럽게 잘 되어가고 있는 중에 폭풍을 피할 수만 있다면 얼마나 더 좋겠습니까!

그러므로 당신 스스로 주님의 인도를 분별하는 책임을 지십시오. 성령님의 내적 증거를 찾아내고 따르는 법을 배우십시오. 당신은 삶 가운데 있는 불필요한 우회로와 함정들을 피하도록 당신을 도와줄 돕는 자를 당신 안에 모시고 있습니다. 당신이 당신의 심령을 다하여 주님을 찾는다면 성령님께서 하나님의 계획 가운데 안전한 길로 당신을 안내하실 것입니다.

내적 증거 Inward Witness

성령님께서 하나님의 자녀들을 인도하는 몇 가지 방법을 예로 들어 보겠습니다. 또한 당신이 당신 자신의 삶 가운데 성령님의 인도를 따르는 데 도움이 될 몇 가지 실제적인 원칙들을 알려 드리겠습니다.

나는 내 사역과 삶 가운데서 하나님께서 자기의 백성들을 인도하시는 가장 우선적인 방법인 내적 증거에 의해 성령님께서 나를 어떻게 인도하셨는지 보여주는 수백 가지 경우를 들 수 있습니다.

예를 들면, 1973년 캠프미팅 때 성령의 기름부음으로 말미암아 내가 말을 하기 얼마 전에 나는 레마 성경 훈련소 RHEMA Bible Training Center를 시작해야 한다는 것을 내적 증거로 알고 있었습니다. 마치 예수님께서 직접 환상 가운데 나타나셔서 시작하라고 말씀하신 것처럼 나는 하나님께서 내가 목회자를 훈련하는 학교를 시작하기를 원한다는 것을 내적 증거로 확신하고 있었습니다.

1950년에 예수님은 실제로 나에게 나타나셨습니다. 그 환상 가운데 예수님은 나의 사역에 관해서 말씀하시고 내게 특별한 병 고침의 기름부음을 주셨습니다. 그러나 나는 예수님의 환상으로 내가 신유 사역을 하게 될 것이라는 것을 안 것처럼 내가 레마 성경 훈련소를 시작해야 된다는 것을 내적 증거를 통해 똑같이 확신하고 있었습니다. 처음에는 내가 하고 싶은 것이 아니었지만 내적 증거로 말미암아 나는 내가 목회자 훈련소를 시작하는 것이 하나님의 뜻이라는 것을 내 속으로 그냥 알았습니다.

현재 레마가 있는 브로큰 애로우로 인도 받은 것도 역시 내적 증거로 말미암은 것이었습니다. 훈련소를 시작하고 처음 두 해 동안은 털사에 있는 쉐리단 성회라는 교회를 사용했습니다. 우리는 레마 성경 훈련소를 시작할 자체 건물이 없었습니다. 첫해에 우리는 58명의 학생들만 졸업시켰습니다만 학생 수가 빨리 늘어나서 이 년째가 되자 우리는 더 많은 학생들을 받을 수 있는 시설을 찾아야만 했습니다.

그래서 1976년 우리는 레마 성경 훈련소의 영구적인 장소를 찾기 시작했습니다. 우리가 선택한 시설은 학생 수가 늘어감에 따라 그 수용 능력을 확장할 필요가 있다는 것을 알고 있었습니다. 우리는 매년 수백 명의 학생들을 되돌려 보내기를 원치 않았습니다.

그때 사업을 하는 한 친구가 내게 말했습니다. "내가 브로큰 애로우에 적당한 장소를 본 것 같네." 그래서 나는 아내와 함께 그 장소를 보려고 브로큰 애로우로 운전해서 갔습니다.

그 모퉁이를 돌아서는 순간 나는 사무실 건물과 창고(지금은 각각 케네스 해긴 미니스트리 행정 건물과 루커 기념 강당이 들어서 있음)를 보게 되었고 나는 성령님께서 내 영을 자극하셔서 신호를 보내시는 것을 알 수 있었습니다. 나는 내적 증거로 말미암아 우리가 바른 장소를 발견했다는 것을 알았습니다.

나의 아내도 똑같은 내적 증거를 가졌었습니다. 우리는 어떤 눈에 띄는 특별한 계시를 받은 것이 아니었습니다. 그러나 속으로 우리 두 사람은 주님께서 "바로 이 곳이다!"라고 말씀하시는 것을 그냥 알았습니다.

그래서 우리는 그 땅을 구입하고 사역 본부와 훈련소를 브로큰 애로우로 옮겼습니다. 그 결정은 쉬운 것이 아니었습니다. 우리들에게는 믿음으로 큰 걸음을 내딛는 것이었습니다. 그 땅은 거의 개발되지 않은 상태로 있었으며 레마 캠퍼스를 짓는 데는 많은 돈이 들 것이라는 것을 우리는 알았습니다.

그러나 눈에 보이는 것에도 불구하고 우리는 하나님께 순종하였습니다. 그리고 우리에게 좋게 일들이 잘 되었습니다. 처음 우리 사무실을 브로큰 애로우로 옮긴 이래로 많은 사람들이 할 수 없다고 하던 것을 성취하면서 우리는 한 발자국 한 발자국 현재의 레마 캠퍼스를 건축했습니다. 그러나 이 모든 것은 성령님의 내적 증거에 순종함으로 말미암아 시작된 것이었습니다.

내적 증거에 주의하는 것이 얼마나 중요한 것인지를 보여주는 이야기가 여기 있습니다. 수년 전에 나는 오순절 교파에 속한 한 할머니로부터 1900년대에 오순절 교인들이 어떻게 먼저 브로큰 애로우에 오게 되었는지 알게 되었습니다. 그녀는 브로큰 애로우의 첫 오순절 교회에서 성령으로 세례를 받은 루퍼트 베일리Rupert Bailey라는 이름을 가진 한 젊은 농촌 청년에 관해서 이야기를 했습니다. 이 젊은이는 오늘날 레마 성경 훈련소가 서있는 곳에 있던 농장에 살았었습니다.

루퍼트는 십대의 청년이었지만 그는 자기 세대와 다음 세대에 부흥을 보기 원하는 강한 열망을 가지고 있었습니다. 루퍼트는 아버지와 함께 농장에서 일을 하지 않을 때는 현재 레마의 제 1 학생 발전센터Student Development Center 1가 세워진 곳인 잡초가 무성한 낮은 언덕에서 몇 시간씩 기도를 하곤 했었습니다. 매일 매일 그는 잃어버린 영혼들을 위해서 해산의 고통으로 기도를 했습니다.

어느 날 기도를 마친 후에 루퍼트는 그 언덕에 서서 성령님의 기름부음으로 말미암아 이렇게 예언을 하였습니다. "바로 이곳으로부터 세계에 퍼질 위대한 하나님의 역사가 일어날 것이다!"

하나님께 영광을 돌립시다! 이 땅을 보았을 때 성령님께서 내 영에 전기 충격을 주는 것 같은 것을 내가 느낀 것이 놀랄 일이 아닙니다! 브로큰 애로우의 그 땅을 구입하라는 내적 증거에 순종한 것은 거의 한 세기 전에 예언되었던 주님의 말씀을 이루어지는 데 사용되었습니다! 뿐만 아니라 이 마지막 시대에 나의 사역과 삶을 위한 하나님의 계획을 성공적으로 따라가는 데 중요한 한 발자국이었습니다.

성공이란 것은 언제나 성령님의 인도를 따른 결과입니다. 한 번은 예수님께서 환상 가운에 나에게 나타나셔서 이렇게 말씀하셨습니다. "네가 내적 증거를 따르는 법을 배운다면 내가 너를 부자[풍성하게 공급을 받는 사람]가 되게 해주마. 영적인 것은 물론 재정적인 것까지 삶의 모든 일에 내가 너를 안내할 것이다." 주님은 우리의 삶의 모든 분야에 관심이 있으십니다. 우리가 우리의 삶을 위한 하나님의 계획을 따라갈 때 주님은 우리가 형통하고 성공을 누리게 되기를 원하십니다.

내적 증거를 따름으로써 재정적으로 엄청나게 유익을 얻은 1970년대에 레마를 방문했던 한 사람을 나는 기억하고 있습니다. 2차 대전 직후에 그는 화학제품을 만드는 회사에 14,000달러를 투자했다고 했습니다. 그 당시에 이 돈은 큰 돈이었습니다.

그는 이렇게 회상했습니다. "공인회계사와 나의 증권 중계인 모두 나에게 이 회사에 투자하지 말라고 조언했습니다. 그러나 나는 이 회사에 투자하는 것에 대해서 아주 좋은 느낌을 가지고 있었습니다."

사람의 영에 '좋은 느낌'을 가지는 것은 몸으로 느끼는 기분이 아닙니다. 이것은 그에게 그 돈을 투자하라고 하는 성령의 내적인 증거, 즉 영적인 인식spiritual perception이었습니다.

그가 그의 돈을 그 화학 회사에 투자한 후 처음 10년 동안은 지혜로운 투자를 한 것 같이 보이지 않았습니다. 그는 설명했습니다. "한 번은 나의 주식을 다 팔아서 투자한 돈의 반 정도라도 건질 수도 있었습니다. 몇 년이 더 지난 후에도 내가 주식을 팔면 겨우 원금을 돌려받을 정도였습니다. '이 투자는 내가 하나님의 인도를 받지 못했구나'라고 나는 생각했습니다!"

그러나 그 사람은 그가 처음 그 돈을 투자하도록 했던 내적인 증거를 계속해서 따랐습니다. 영으로 어떤 변화도 느끼지 못했으므로 그는 주식을 그냥 가지고 있으면서 그가 한 투자가 어떻게 되는지 지켜보았습니다. 오랜 세월이 지난 후에 마침내 이 화학 회사는 성공의 징후를 보이기 시작했습니다.

이 사람이 내게 이 말을 할 때쯤에는 그가 처음 돈을 투자한 지 30년이 지난 후였습니다. 그는 내게 이렇게 말했습니다.

"나는 아직도 그 화학 회사의 주식을 소유하고 있습니다. 만일 내가 그 주식을 판다면 약 400만 달러는 될 것입니다!"

14,000 달러를 투자해서 4,000,000 달러를 버는 것은 나쁜 투자가 아닙니다! 그러나 처음 10년간은 좋은 투자처럼 보이지 않았습니다. 상당히 오랫동안 그는 자기가 하나님의 뜻을 놓쳤다고 생각을 했었습니다.

그러나 그 사람은 하나님의 뜻을 놓친 것이 아니었습니다! 30년은 하나님 보시기에는 긴 세월이 아닙니다. 이 경우에는 그 사람이 성령님의 인도에 순종하여 투자한 돈에 대한 완전한 유익을 거두는 데 30년이란 세월이 걸린 것입니다.

당신의 순종에 대한 유익을 거두는 데 얼마나 오랜 세월이 걸리든지 내적 증거를 따르는 것은 유익합니다. 당신이 내적 증거를 따르는 법을 배우기만 한다면 당신은 언제나 당신이 처한 상황에서 최고의 결과를 차지하게 될 것입니다.

주님은 매주 토요일 밤이나 내년 초에 항상 그분의 계좌를 결산하는 분이 아닙니다. 그러나 내가 말하는 것은 당신이 주님과 함께 행동한다면 성령님의 인도를 포함해서 조만간에 하나님의 말씀은 반드시 승리할 것이며 당신도 승리자가 된다는 것입니다!

당신의 영을 통해 저지하는 신호check에 순종하십시오

어떤 사람은 이렇게 말할지도 모릅니다. "나는 내적 증거를 따르려고 노력합니다. 나는 주님께서 그 방향으로 인도하신다고 생각하면서 나의 계획을 세웠습니다. 그러나 그 계획에 대해서 어쩐지 불편한 느낌을 내 영에 아직도 가지고 있습니다. 이런 경우에는 어떻게 해야 합니까?"

당신이 주님의 지시를 받았고 또 시기도 맞는다고 속으로 확실히 알고 있지 않을 때는 어떤 행동도 취하지 마십시오. 이것은 당신이 하나님의 계획을 좀 더 완전하게 기도해야 하거나 하나님의 때가 정확히 아니라는 것을 의미하는 것일 수 있습니다.

그냥 흔들림 없이 그 자리에 머무르면서 당신이 확신하게 될 때까지 주님의 인도를 계속해서 구하십시오. 하나님의 계획 안에서 움직일 때라고 당신의 영 안에 해방감release을 가지게 될 때까지 기다리십시오.

혹은 당신이 어떤 방향으로 움직이기 시작할 때 당신의 영으로 어떤 저지하는 신호를 받게 되거든 그때는 멈추십시오! 당신의 영으로 느끼는 그 신호check나 불안감unrest은 주님으로부터 온 멈춤 신호입니다. 그 당시에는 당신이 이해할 수 없을지 모르지만 주님은 당신을 멈추게 할만한 충분한 이유를 가지고 계십니다.

당신도 알다시피 하나님은 미래를 아시는 분입니다. 하나님께서는 당신에게 해가 되거나 당신이 당신의 삶을 위한 하나님의 계획을 이루는데 방해가 되는 방향으로 움직이는 것을 보시면 당신의 영을 통해 신호를 할 것입니다.

주님께서 당신의 영에 신호를 하시거든 그것이 무엇을 의미하는지 당신이 알게 될 때까지 하나님을 찾는 것은 무엇보다도 우선적으로 가장 중요한 일입니다. 만일 그렇게 하지 않고 당신이 계속 같은 방향으로 나간다면 당신은 결국 성령님의 경고에 주의하지 않은 결과로 고통을 피할 수 없게 될 것입니다.

예를 들자면, 나는 목사님들이 그들의 영에 있는 신호에 주의를 기울이지 않고 실수를 하는 것을 많이 보았습니다. 하나님을 찾는 데 시간을 들여서 마음의 생각과 감정과 몸을 조용하게 하고 그들의 영이 무엇이라고 말하는지 듣는 대신에 그들은 사역에 있어서 잘못된 행동을 합니다. 어떤 경우에 목사님들은 하나님의 뜻이 아닌 데 섬기는 교회까지 바꾸기도 합니다.

그들을 위한 하나님의 계획으로 돌아오는 데는 어떤 목사님들에게는 수년의 시간이 걸리게 됩니다. 어떤 목사님들은 아주 돌아오지 않기도 합니다. 어떤 목사님들은 그들의 잘못된 움직임이 그들로 하여금 자신들이 하나님의 음성을 바로 듣고 있는지 의심을 하도록 함으로써 삶과 사역에 있어서 계속적으로 허우적대게 됩니다.

우리가 하나님의 음성을 들을 수 있다는 것에 대해 하나님께 감사합시다! 그러나 우리는 우리가 그분으로부터 들었다는 것을 확신할 때까지 그분을 찾을 필요가 있습니다. 그리고 우리가 만일 잘못 들어서 그분의 뜻을 놓친다고 하더라도 우리가 다음에는 그분의 음성을 좀 더 정확하게 들을 수 있도록 하나님께서 우리를 가르쳐 주실 것이라고 계속 그분을 신뢰하는 것이 필요합니다.

그의 사역에 있어서 하나님의 뜻을 놓쳤던 한 목사님의 이야기를 나누겠습니다. 내가 스물 두 살의 나이에 처음으로 순복음 교회를 섬기고 있을 때 나는 가까운 이웃 동네에 있는 순복음 교회 목사님을 방문했었습니다. 내가 그 목사관 앞으로 차를 운전해 가보니 놀랍게도 그 목사님의 차는 그의 가구와 이삿짐을 가득 실은 트레일러와 연결되어 있었습니다.

나는 그 목사님께로 걸어가서 "무슨 일이십니까?"하고 물었습니다.

"나는 교회를 사임했다네"라고 그 목사님은 대답했습니다.

그가 그 말을 하는 바로 그 순간 나는 내 영의 내적 증거로 그가 하나님의 뜻을 놓쳤다는 것을 알았습니다. 그러나 나는 이제 겨우 스물 두 살이었습니다. 이 목사님은 나의 아버지뻘이 될 만큼 나이가 드신 분이었습니다. 하나님께서 특별히 그 목사님에게 말을 해주라고 하지 않는 한 나는 '목사님은 하나님의 뜻을 놓치셨습니다'라고 입 밖으로 내뱉지 않으려고 했습니다.

'이 목사님은 자기가 하나님의 뜻을 놓쳤다는 것을 모르실까?' 하고 나는 혼자 속으로 생각했습니다. 나는 그 목사님이 마지막 이삿짐 몇 개를 꾸려서 트레일러에 싣는 것을 도와 드렸습니다. 짐을 다 싣자 그 목사님은 내게 악수를 한 후에 작별 인사를 했습니다.

그러고 나서 그 목사님은 자신이 옳은 일을 하고 있는지 아닌지 확실히 모르고 있다는 것을 내가 알 수 있도록 하는 어떤 말을 했습니다. 그는 "나는 내가 하나님의 뜻을 놓치지 않았기를 바라네"라고 말했습니다.

그가 그 말을 했을 때의 그의 얼굴의 표정과 그의 음성을 나는 결코 잊을 수 없습니다. 그러고 나서 그는 머리를 흔들고는 그의 아내와 함께 차를 타고 운전을 하면서 그 자리를 떠나 버렸습니다.

나는 그 집 차로에 서서 거의 울면서 서 있을 수밖에 없었습니다. 그들이 하나님의 뜻을 벗어나서 운전을 해서 사라지는 것을 보면서 나는 속으로 너무나 기분이 안 좋았습니다. 그가 목사이기 때문이 아니라 하나님의 자녀이기 때문에 그 목사님은 자신이 하나님의 뜻을 놓치고 있다는 것을 속으로 알았어야만 했었습니다. 하나님의 모든 자녀들은 성령님의 인도를 받을 것을 기대할 수 있습니다.

나는 집으로 돌아와서 아내에게 말했습니다. "아무개 형제가 글쎄 교회를 사임하고 다른 동네의 교회에서 사역을 하기로 했더군요."

내 아내도 "그 목사님은 자신이 하나님의 뜻을 놓치고 있다는 것을 모르셨을까요?"라고 말했습니다. 나의 아내는 설교자가 아니지만 그녀도 역시 그 목사님이 하나님의 뜻을 놓쳤다는 것을 그녀의 영으로 알 수 있었던 것입니다.

나도 대답했습니다. "그 목사님은 확실히 잘못했어요! 그렇지만 주님께서 내게 그 목사님께 말을 해주라고 하지 않는 데 내가 그 목사님에게 말할 위치는 아니었어요."

이런 데는 지혜가 있어야 한다는 것을 당신도 보았을 것입니다. 설사 그가 하나님의 뜻을 놓치고 있다고 느껴진다고 해서 내가 그에게 말했다 하더라도 그는 내 말을 받아들이지 않았을 것이란 것을 나는 그가 말하는 모양을 보고도 알 수 있었습니다. 나는 하나님께서 그 목사님에게 그가 있는 곳에 머무르라고 말씀하시려고 하는 것을 알았습니다. 그러나 그 목사님은 하나님께 귀를 기울이지 않았으며 분명 자기 나이의 반 밖에 되지 않았던 나의 말도 듣지 않았을 것입니다.

이 목사님이 떠났던 그 교회에는 다른 목사님이 오셔서 목회를 하였습니다. 그 후 몇 달 동안 불행한 일들이 잇달았습니다. 결국 일곱 달 뒤에 그 교회를 사임했던 그 목사님이 바로 그 교회로 돌아오게 되었습니다.

그 목사님에게는 그의 평생에 그의 교회로 돌아오게 된 것보다 더 기쁜 일이 없었습니다! 그 목사님은 오랫동안 그 교회의 목사로 계셨습니다. 그러나 그가 떠난 동안에 그 교회는 고통을 당했었습니다. 그 일곱 달 동안의 문제들 때문에 그 교회의 회중은 원래 크기의 반으로 줄어들었습니다. 만일 그 목사님이 하나님께 순종하여 그 교회에 계속 머물러 있었더라면 그는 이런 어려움을 피할 수 있었을 것입니다. 고통 대신에 그 교회 회중들은 아마도 영적으로나 크기로나 부흥하였을 것입니다.

때때로 그들의 영으로 저지하는 신호에 조심하지 않음으로써 생긴 그 결과로 고통을 겪는 것은 목사님들만이 아닙니다. 성령님의 경고를 듣는 데 조금만 더 우리의 영이 민감하였더라면 피할 수 있었던 실수를 우리는 모두 하고 있다고 나는 확신합니다!

그러므로 만일 당신이 당신의 삶에서 어떤 방향으로 움직이려고 하는 데 당신의 영에 불편함이 있거든 더 이상 나아가지 마십시오. 멈추어 서서 주님께서 당신의 영에게 무엇이라고 말씀하고 계신지 정확히 알게 될 때까지 하나님을 찾으십시오.

극적인 특별한 안내를 구하지 마십시오

반면에 하나님께서 당신이 하기 원하는 것이 무엇인지를 내적 증거를 통해 당신이 속으로 알고 있다면 하나님께 좀 더 특별한 안내를 달라고 하나님께 구하며 기다리지 마십시오. 내적 증거에 순종하십시오.

다른 말로하면 하나님께서 어떤 방향으로 가라고 성령으로 당신의 영에 증거를 주셨을 때는 환상이나 천사의 방문 같은 좀 더 특별하고 분명한 방법으로 하나님께서 당신을 인도하기를 바라는 마음 때문에 그 내적 증거를 무시하지 않도록 조심하라는 것입니다. 당신의 육신이 따르기를 원하지 않는 방향으로 하나님께서 인도를 할 경우에는 특히 이렇게 하기 쉽습니다.

가끔 하나님께서는 환상과 다른 특별한 안내를 사용하여서 그의 자녀들을 인도하기도 하시지만 하나님께 우리를 어떻게 인도해 달라고 말하는 것은 우리가 할 일이 아닙니다. 우리는 환상이나 귀로 들을 수 있는 목소리나 천사를 통해 우리에게 말씀해 달라고 요구할 성경적인 권리가 없습니다.

그러나 우리는 성경이 우리에게 약속한 것에 대해서는 요구할 권리가 있습니다. 뿐만 아니라 성경은 성령님이 우리를 인도하시고 모든 진리 가운데로 안내해 줄 것이라고 약속하고 있습니다(요 16:13, 롬 8:14).

그러므로 우리는 말씀으로부터 하나님께서 성령님을 통하여 어떻게 우리를 인도하고 안내하는지 찾아볼 필요가 있습니다. 그리고 나서 우리는 하나님께서 우리에게 원하시는 방법으로 우리를 인도해 주실 것을 구해야 합니다.

하나님께서 내가 파머스빌 교회로 돌아가서 목회사역을 하라고 하실 때 나는 좀 더 특별한 안내를 구함으로써 나의 내적 증거를 의심하는 잘못을 저질렀었습니다.

앞서 내가 말한 것과 마찬가지로 나와 오레타 모두 그 교회로 돌아가기를 원하지 않았습니다. 우리는 그 교회를 사랑했지만 그 동네에 관계된 것은 아무것도 좋아하지 않았습니다. 주님께서 우리가 파머스빌로 돌아가도록 인도하고 계시다는데 나와 오레타의 의견이 일치하자 우리는 이 일을 하나님 손에 맡기고 일이 되어지도록 하였습니다.

두 달도 채 안 되어서 그 교회 이사 중 한 사람이 내게 전화하여서 "우리 목사님이 금방 사퇴하셨어요. 우리 교회로 돌아오시는 것을 고려해 주시겠어요?"라고 말했습니다. 나는 주님께서 내게 하셨던 말씀을 그 이사에게 말하지 않았습니다.

나는 "글쎄요. 교회에 결의기관이 있지요. 회중들의 투표 결과를 보아야지요"라고만 말했습니다. "그래서 제가 목사님께 전화드리는 거예요. 사람들이 이사들에게 와서 해긴 목사님이 목사로 돌아올 수 있냐고 묻곤 했어요."

그래서 나는 파머스빌 교회에 돌아가서 몇 일간 설교를 했고, 내가 거기 머무는 동안 회중들이 내가 그 교회 목사로 다시 돌아오도록 투표를 하였습니다.

그러나 내가 다음 목회자가 될 것이라는 것을 알았음에도 불구하고 나는 내 혼이 자연적 영역으로 흘러가도록 내버려 두었습니다. '내가 이곳으로 돌아오기를 정말 원하는가? 사람들을 제외하고는 이곳에 있는 단 한 가지도 좋아하는 것이 없는데!' 나는 이렇게 생각하면서 영적 직감을 의심하기 시작했습니다. 그래서 나는 하나님께 좀 더 특별한 방법으로 인도해 달라고 3일을 금식하며 반복해서 기도했습니다.

"오, 하나님. 움직이세요! 내게 말씀하세요!"

나는 하나님께서 하늘에 메시지를 써주시거나 아니면 구름 속에 그림을 그려 주시기를 원했던 것 같습니다! 최소한 환상이나 예언이 이 결정이 하나님의 뜻이라는 것을 도울 것이라고 생각했습니다. 내가 삼일 째 금식하고 기도하고 있을 때 주님께서 내게 말씀하셨습니다. 나는 무릎을 꿇고 "오 주님, 표적을 주십시오!"라고 기도하고 있었는데 별안간 작고 세미한 음성으로 주님께서 말씀하셨습니다.

주님은 내게 "일어나거라! 나는 너에게 어떠한 표적을 주지 않을 것이다. 너는 특별한 어떤 표적을 달라고 금식하고 기도하면서 네 시간만 낭비하고 있다. 너는 이미 네 안에 어떻게 해야 할지 알고 있다. 그러니 그대로 해라!"

"예, 주님!" 나는 그 일에 관해 더 이상 한 마디도 말하지 않았습니다. 나는 하나님께서 이미 내게 말씀하신 대로 순종하고 파머스빌 교회의 목회 사역을 받아들였습니다. 그리고 그 일은 우리의 순종으로 말미암아 큰 축복으로 변하였습니다.

나는 그 경험을 통하여 한 가지 교훈을 배웠습니다. 나는 그 후로 다시는 주님께 특별한 방법으로 인도해 달라고 구하지 않게 되었습니다. 그리고 그 경험이 있은 후 한참이 지난 후에야 환상을 보게 되었습니다. 그러나 그때는 나는 환상을 보여 달라고 기도하지 않았습니다. 나는 성령님께 어떤 방법이든 그분이 원하시는 대로 인도할 때 그대로 따르고 만족해야 된다는 것을 배웠습니다. 그리고 대부분의 경우, 성령님은 나를 영적 직감으로 인도하셨습니다.

조용하고 작은 음성

파머스빌 교회에 대해서 금식하며 기도하고 있을 때 주님은 내게 세미한 음성으로 말씀하셨습니다. 우리 자신의 영의 조용하고 작은 음성still small voice은 주님께서 성령으로 자기 사람들을 인도하는 두 번째로 흔한 방법입니다. 나의 영은 성령님의 음성을 알아 차렸으며 이렇게 해서 주님은 그때 나를 인도하셨습니다.

조용히 작은 음성으로 주님께서 나를 인도하셨던 경우를 나의 삶을 통해서 또한 예를 들어 보겠습니다. 1970년 나와 아내는 뉴욕에 있는 여러 도시에서 집회를 인도하고 있었습니다. 어느 주일날 우리가 묵고 있던 호텔로 짐들을 들여놓다가 나는 몸이 아프기 시작했습니다.

이런 일이 다른 사람에게 일어났더라면 어떤 의미도 없었을 것입니다만 36년 전에 사망선고를 받고 침대에 누워 있다가 일어난 이래에 지난 36년간 나는 독감이나 두통 한 번 안 걸리고 살

앉었습니다(현재까지 55년이 넘게 세월이 지났습니다. 지금까지도 나는 독감이나 두통 한 번 안 걸렸습니다. 물론 걸릴 생각도 안 합니다! 나는 내 자신을 자랑하는 것이 아닙니다! 나는 예수님을 자랑하는 것입니다! 예수님은 병을 고치시는 분입니다!)

과거에 아픈 증상이 나를 공격하면 나는 내가 처음 병 고침 받았을 때와 똑같이 단지 마가복음 11장 24절대로 행동합니다. 전에는 내가 믿음의 기도를 하면 항상 나는 즉시 낫거나 바로 더 나아지는 것을 느끼곤 했었습니다.

그래서 나는 늘 하던 대로 믿음의 기도를 했습니다.

그러나 이번에는 빨리 나아지지 않았습니다!

호텔방에 들어오자 나는 눕지 않으면 쓰러져 누울 것같이 느껴져 나는 침대에 누웠습니다. 침대에 누워서 나는 왜 나의 믿음의 기도가 역사하지 않았는지 이유를 알려고 주님을 찾기 시작했습니다.

"주님, 기도할 때 나는 주님과 연결되어 통하지 않았습니다. 주님은 기도를 놓치지 않으신다는 것을 나는 알고 있습니다. 주님은 변함이 없으시며, 결코 실패하지 않으십니다. 그러므로 내가 어디선가 잘못했다는 것을 나는 압니다. 그러므로 주님, 내가 어디에서 잘못했는지 내게 말씀해 주십시오."

주님은 들리는 목소리가 아니라 내 영의 조용하고 작은 목소리로 내게 대답하셨습니다(나의 영은 성령님의 음성을 알아차렸습니다). 주님은 이렇게 말씀하셨습니다. "병이 고침 받도록 네 손을 네게 얹어라. 20년하고도 4일 전에 나는 네게 나타나서 너에게 '병을 고치는 능력이 네 손에 있다'고 말했었다."

그래서 나는 지체하지 않고 내 손을 나에게 얹었습니다!

즉시 나는 따뜻한 빛이 내 손에서부터 나와 나의 위장으로 들어가서는 나의 온몸에 퍼지는 것을 느꼈습니다. 순간적으로 나는 더 나아진 것을 느꼈습니다. 그러나 주님께서 내게 말씀하셨습니다. "너는 병 고치는 사역을 통해서 네가 해야만 했던 것을 너는 하지 않았다. 병 고치는 사역은 너의 소명의 한 부분이다."

거의 5년 동안 나는 병든 사람들에게 손을 얹는 것을 그만두었습니다.

그러나 병을 고치는 사역은 나의 삶을 향한 하나님의 계획의 일부였습니다.

"지금 곧 털사로 돌아가서 다시 시작 하거라." 주님께서 내게 말씀하셨습니다. 내가 1950년 환상 가운데 내가 너에게 병든 자를 섬길 수 있도록 병을 고치는 기름부음을 주었을 때 내가 네게 말했던 것을 사람들에게 말하여라. 네가 내게 순종하여 병든 사람에게 손을 얹기 시작하면 더 강력한 치유의 기름부음이 네 안에 거하도록 임할 것이다."

그때부터 치유사역에 있어서 나는 주님께 순종하였으며 주님의 말씀대로 이루어졌습니다. 나는 더욱 강력한 치유의 기름부음 안에서 사역하기 시작했습니다.

성령님의 권위 있는 음성

성령님께서 그의 사람들을 인도하는 또 하나의 방법은 성령님의 권위 있는 음성입니다. 나의 생애에 있어서도 실제로 귀에 들리는 것 같이 느껴졌지만 내 주변에 있는 다른 사람들은 듣지 못한 음성으로 성령님께서 나의 영에게 말씀하셨던 적이 있었습니다.

나는 여러 번 성령님의 권위 있는 음성을 들었었습니다. 나는 내 가까이 있던 사람들에게 "당신도 그 소리를 들었습니까?"라고 물었습니다. 내게는 그 음성이 그 정도로 사실적이었습니다. 대개 그들은 "아니요. 우리는 아무 소리도 못들었습니다"라고 말합니다.

사도행전 8장 29절에 성령께서 빌립에게 말씀하셨습니다. "가까이 가서 마차를 타라"라고 하는 귀로 들을 수 있는 성령의 음성을 들었다고 나는 생각합니다. 다른 사람에게도 들리든지 안 들리든지 관계없이 빌립에게는 들렸다고 나는 확신합니다.

성령님께서 사람들에게 말씀하시는 또 다른 성경의 예는 사도행전 10장에서 발견됩니다.

베드로는 지붕 위에서 기도하다가 환상을 보았습니다. 그 환상 속에서 하나님은 예수 그리스도를 통한 구원이 이방인들에게도 허락되었다고 말씀하셨습니다(행 10:10-16).

> 베드로가 그 환상에 관하여 생각하고 있는데 성령께서 그에게 말씀하시기를 "보라, 세 사람이 너를 찾으니 일어나서 내려가 아무것도 의심하지 말고 그들과 함께 가라. 내가 그들을 보냈음이니라" 하시니
>
> 행 10:19-20

성령님께서 베드로에게 권위 있는 음성으로(19절) 말씀하신 것이 확실합니다. 만일 당신이 그 지붕 위에 베드로와 함께 있었더라면 아마도 당신은 성령님이 말씀하시는 것을 듣지 못했을 것입니다. 그러나 성령님의 권위 있는 음성은 베드로에게는 귀에 들리는 것이었습니다. 그는 성령님께서 그에게 말씀하신 것을 분명히 들었습니다.

나의 경험에도 나는 이런 사실이 진실임을 발견했습니다.

대부분의 경우에 하나님께서 성령으로 나에게 귀로 들을 수 있게 말할 때는 힘든 항해가 내 앞에 있다는 뜻이었습니다. 주님께서는 성령의 권위 있는 음성으로 내게 말씀하심으로써 내가 폭풍을 만나서도 흔들리지 않도록 하십니다. 나를 안정되게 지키는데 이런 강한 안내가 필요하지 않을 때는 성령님은 이렇게 내게 말씀하지 않으십니다. 대부분의 경우 내게 강한 안내가 필요하지 않을 때 성령님은 단지 내적 증거를 통해서 나를 인도하십니다.

예를 들자면 우리는 방금 읽었던 구절에서 이 원칙을 볼 수 있습니다. 성령님께서 베드로에게 말씀하신 뒤에 그에게 무슨 일이 일어났나 보십시오.

베드로가 고넬료와 그의 온 가족들에게 복음을 전하자 하나님께서는 영광스럽게도 그들을 모두 구원하시고 성령으로 세례를 주었습니다(행 10:44-46).

그러나 베드로는 영적으로 어려운 일들을 마주하게 되었습니다.

이방인들과 이 초자연적인 경험을 하고 난 후에 베드로의 행동이 유대인 형제들에 의해 문제로 제기되었습니다. 성경은 베드로가 예루살렘으로 올라갔을 때에 할례받은 자들이 '네가 무할례자의 집에 들어가 함께 먹었다'고 베드로를 힐난했다고 말하고 있습니다(행 11:3) 베드로는 이방인들에게 복음을 전했던 것을 옹호하기 위해서 "…성령이 내게 명하사 가라하시매…"(행 11:12)라고 설명해야 했습니다.

베드로는 유대인 신자들의 반대에 부딪힐 때에도 그를 흔들리지 않게 붙잡아줄 권위 있는 음성을 통한 성령님의 더욱 특별히 극적인 안내가 필요했었던 것입니다.

그 당시에 유대인 신자들은 이방인들이 새 언약에 포함되는 것을 반대하고 있었습니다. 그들은 이방인들도 하나님의 구원 계획에 포함되어 있다는 것을 몰랐습니다.

나의 삶과 사역에 있어서도 여러 번 힘든 항해가 앞에 있을 때 하나님은 권위 있는 음성으로 나에게 말씀하셨습니다. 예를 들면 1946년 나는 텍사스 밴에 있는 작은 교회의 목사직을 수락할 가능성을 고려하고 있었습니다.

어느 날 나는 어떤 문제에 있어서 하나님의 뜻이 무엇인지 하나님께 여쭈었습니다. 즉시 나는 성령님께서 귀에 들리는 목소리로 내 영에 말씀하는 것을 들었습니다. 그것은 누군가가 내 곁에 서서 나에게 말을 하는 것과 똑같았습니다.

그 목소리는 "네가 밴에 있는 그 교회의 다음 목회자이다. 그 교회는 네가 목회를 하게 될 마지막 교회가 될 것이다"라고 말했습니다.

나는 곧 왜 주님께서 나에게 귀로 들을 수 있게 말씀하였는지 알게 되었습니다. 만일 성령님께서 나에게 그렇게 분명하게 안내를 해주지 않았더라면 나는 목회를 시작도 하기 전에 그 교회를 떠났을 것입니다!

밴에 있던 그 교회는 목사들이 '골치 아픈 교회'라 부르는 그런 교회였습니다.

여러 가지 문제로 말미암아 그 교회 회중들은 두 개로 나누어져 있었습니다.

회중들이 나를 그들의 목회자로 원하는지 원하지 않는지 투표를 할 수 있도록 하기 위해서 나는 나의 가족과 함께 갔습니다. 나는 곧 회중의 반은 이쪽에 반은 저쪽에 마주하고 앉아 있지만 보이지 않는 선으로 갈라놓은 듯 두 패로 나뉜 회중들에게 설교하는 것이 쉽지 않은 것을 알게 되었습니다! 그 분위기가 얼마나 차갑고 죽어 있었는지 내가 설교하는 말 한마디 한마디가 마치 고무공이 부딪쳐 돌아와 내 얼굴을 치는 것 같았습니다.

나는 수요일 저녁만 설교를 하겠다고 생각했습니다. 그러나 나도 모르게 그 교회 임원들이 수요일부터 주일까지 내가 설교를 하도록 이미 계획을 해놓은 상태였습니다. 이는 매일 밤 나와 우리 가족은 한 집사의 집에서 다른 집사의 집으로 옮겨

다녀야하는 것이었습니다. 그렇게 하지 않으면 집사들이 서로 질투를 하게 되기 때문이었습니다! 웃을 수 없는 가련한 상황이었습니다.

나는 아내에게 말했습니다. "만일 이런 상황에 하나님께서 함께 하신다는 것을 내가 몰랐더라면 나는 짐을 차에 다 싣고 아무에게도 알리지 않고 이 동네를 떠났을 겁니다." 그 동네에 머무르는 유일한 이유는 하나님께 순종하기 위해서였습니다. 그래서 하나님께서는 성령님의 권위 있는 음성으로 내게 말씀하셨던 것입니다. 그 음성은 어려운 때에 나를 요동치 않게 붙잡아 주었습니다.

교회 성도들은 주일날 저녁에 투표를 했습니다. 나는 두 표를 제외하고는 모두 찬성을 얻었습니다. 누군가 이렇게 말했습니다. "오, 정말 기적입니다! 이 교회 사람들은 어떤 일에나 하나로 일치한 적이 없습니다!" 그러나 예수님은 내가 그 교회의 다음 목사가 될 것이라고 내게 말씀하셨기 때문에 나는 놀라지 않았습니다. 나는 하늘로부터 음성을 들었노라고 회중들에게 결코 말하지 않았습니다. 나의 마음과 느낌은 시작도 하기 전에 떠나기를 외침에도 불구하고 나는 그냥 일어나서 내가 할 수 있는 한 가장 은혜롭게 담임목사 직분을 수락했습니다!

그 교회에서 사역을 시작하고 처음 여섯 달은 정말 힘들었습니다. 전임 목사님이 아직도 그 동네에 계셨습니다. 그 목사님은 자기를 목사로 좋게 생각하는 회중의 절반을 찾아가서 자신을 위해 십일조를 걷고 있었습니다. 그리고 그 목사님은 교인들을 누구나 만나기만 하면 "내가 담임목사를 해야 되기 때문에 하나님은 저 교회를 축복하실 수 없습니다"라고 말하곤 했습니다.

이 전임 목사님은 가끔 한번씩 다른 동네에 가서 집회를 열고는 했는데 그럴 때면 나는 한숨을 놓았습니다. 나는 그 목사님이 동네를 떠나 다른데 갔다는 것을 항상 말할 수 있었습니다. 그가 떠나면 교회 예배가 달라졌습니다. 영적인 분위기가 밝아지고 설교하기가 더 쉬워졌습니다.

마찬가지로 아무도 나에게 그 전임 목사님이 마을로 돌아왔다는 것을 말해줄 필요도 없었습니다. 주일아침 내가 설교를 시작해 보고서 나는 즉시 '아무개 형제가 마을로 돌아왔구나' 하고 생각했습니다. 분위기는 다시 냉랭했고 나는 내가 한 말이 고무공처럼 부딪혀 되돌아오는 것을 느끼곤 했습니다.

주일날 밤 예배를 마치고 나서 나는 아내에게 이렇게 말하곤 했습니다. "하나님께서 내가 이 교회에서 목회하기를 원한다는 것을 몰랐다면 나는 한밤중에 트럭을 한 대 빌려서 우리 짐을 모두 싣고 우리가 떠난다고 아무에게 말도 하지 않고 떠났을 것입니다. 다음날 교인들이 와서 목사관이 비어 있는 것을 발견하고는 휴거가 일어났다고 생각하겠지요."

우리는 그 6개월 동안 애를 먹었습니다. 힘들기는 했었으나 내가 흔들리지 않고 있으니 일들이 조금씩 나아지기 시작했으며 나는 그 전임 목사님도 포함해서 그곳 사람들에게 사랑으로 대했습니다.

나는 어떻게 해서라도 그 목사님을 도와주려고 노력을 다하기로 결심을 하였습니다. 이렇게 시간이 지나감에 따라 그들에게 내가 복이 되는 기회를 갖게 되었습니다.

사랑은 언제나 승리합니다! 이 목사님과 사모님은 그 회중들과 화해를 하게 되었고, 다른 마을에다 교회를 성공적으로 개척하였습니다. 나와 우리 가족에게는 밴에서의 처음 몇 달간이 어려운 항해와도 같았지만 그 후 수년 동안 우리는 하나님께 순종하였기 때문에 크나큰 축복을 받았습니다.

성령님의 들리는 음성을 들은 또 한번의 경우는 1950년 5월이었습니다. 나는 하늘로부터 귀에 들리는 음성을 영어로 들었습니다. 그 음성은 예수님께서 성령님을 통하여 말씀하신 것이었습니다(요 16:13).

그러나 진리의 영이신 그분이 오시면 너희를 모든 진리로 인
도하시리라. 그분은 스스로 말씀하지 아니하시며, 무엇이나
들은 것을 말씀하실 것이요, 또 너희에게 다가올 일들을 알려
주시리라.   요 16:13

예수님은 내게 말씀하였습니다. "너는 죽지 않고 살게 될
것이다. 나는 네가 나의 백성들에게 믿음을 설교하기 바란다.
나는 나의 말씀을 통해서 네게 믿음을 가르쳤다. 나는 네가
어떤 경험들을 하도록 허락했었다. 나의 말과 너의 경험을 통
해서 너는 믿음을 배웠다. 이제 너는 가서 내가 네게 가르쳐 준
것을 나의 백성들에게 가르쳐라. 가서 나의 백성들에게 믿음을
가르쳐라!"

나는 그 하늘로부터 들린 음성에 순종하려고 노력해 왔습
니다. 이것이 내가 믿음에 대해 그렇게 많이 가르치는 하나의
이유입니다. 나는 그렇게 해야만 합니다! 내게 있어서 믿음에
대해 가르치는 것은 나의 삶을 향한 하나님의 뜻에 순종하는 것
중의 하나입니다.

이 큰 자연적인 경험을 하고난 후에 나는 하나님께 순종하여
서 순회사역field ministry으로 다시 돌아갔습니다.

내가 순회사역을 하던 초기는 다른 아무도 순회사역을 하고

있지 않을 때였고, 나는 믿음을 설교하면서 동부 텍사스의 언덕과 들판을 오르내리며 차를 몰고 달렸습니다. 나는 비판받았고, 핍박도 받았고, 사람들 입에 오르내렸으나 조금도 흔들리지 않았습니다. 주님께서 귀에 들리는 성령님의 음성으로 나에게 사명을 주셨기 때문에 나는 줄곧 믿음에 관해서 설교를 했습니다. 나는 어떤 상황 아래서도 내 삶을 향한 하나님의 계획을 따라 주님께 순종하기로 작정하였습니다.

이상은 나를 향한 주님의 미래의 계획 가운데 다가오는 것에 대비해서 나를 준비시키기 위해 성령님이 권위 있는 목소리로 내게 말씀하셨던 많은 예 중의 몇 가지입니다. 이것은 성경적입니다.

하나님은 앞으로 일어날 일들을 보여 주실 것입니다

하나님은 그분의 말씀을 통해서 성령님께서 신자들에게 앞으로 일어날 일에 대해서 보여줄 것을 약속하셨습니다. "그러나 진리의 성령이 오시면 그가 너희를 모든 진리 가운데로 인도하시리니"(요 16:13)

신자들은 요한복음 16장 13절을 주장하며 하나님께서 그들

개인의 삶을 위한 하나님의 계획을 계시해 줄 것을 기대할 수 있습니다.

물론 주님께서 앞으로 일어날 모든 일을 당신에게 다 보여 주시지는 않을 것입니다. 주님께서 처음부터 끝까지 한번에 당신의 삶을 향한 하나님의 모든 계획을 보여 주시지는 않을 것입니다.

주님은 당신이 보이는 것으로 행하지 않고 믿음으로 행하기를 원하십니다(고후 5:7).

만일 주님께서 모든 것을 다 보여주면 당신은 믿음이 아니라 보이는 것으로 살게 될 것입니다. 그리고 믿음이 없이는 하나님을 기쁘시게 할 수 없습니다(히 11:6).

우리의 삶을 위한 하나님의 계획을 포함해서 초자연적인 것에는 어떤 것이든지 어느 정도의 비밀이 항상 있습니다. 사도 바울마저도 이렇게 말했습니다.

"우리가 부분적으로 알고 또 부분적으로 예언하니"(고전 13:9)

"우리가 이제는 거울로 보는 것같이 희미하나"(고전 13:12)

그러므로 우리가 하나님과 함께 걸어갈 때 믿음이 필요한 것입니다.

그러나 가끔 주님은 당신에게 미래를 한 장면 보여주실 것입니다. 당신이 하나님의 영에 민감하게 잘 맞추어져 있으면 하나님은 당신의 영을 일깨워서 앞으로 일어날 일들 중에서 당신이 알 필요가 있는 것들을 알려 주셔서 당신이 당신을 위한 하나님의 계획을 위해 미리 준비할 수 있도록 하실 것입니다.

지혜의 말씀을 통해 미래를 보게 됨

하나님께서는 지혜의 말씀을 통해서 미래에 있는 그분의 계획을 계시해 주실 수 있습니다. 지혜의 말씀은 고린도전서 12:8-10에 기록된 성령의 9가지 은사들 중에 하나입니다.

우리는 지혜의 말씀을 하나님의 뜻과 마음 안에 있는 하나님의 계획과 목적에 관해서 하나님의 영이 계시해 주는 것이라고 정의할 수 있습니다. 초자연적으로 지혜의 말씀은 꿈이나 환상 혹은 성령님의 귀로 들을 수 있는 음성 등과 같이 다양한 방법으로 옵니다.

지혜의 말씀의 뚜렷한 특징은 항상 미래에 관하여 말하고 있다는 것입니다. 지혜의 말씀은 신자들을 인도하거나 하나님의 소명을 확인시켜 주기 위해서 하나님의 미래의 계획의 일부를 계시로 보여주는 것입니다.

지혜의 말씀은 보통 예언자의 직분을 수행하는 사람에게 더 특별하게 자주 나타나지만 성령님이 원하시면 다른 신자들의 삶 가운데도 가끔 나타날 수 있습니다. 그러나 신자들이 지혜의 말씀을 받든지 안 받든지 관계없이 모든 신자들은 요한복음 16장 13절을 따라 그들의 삶에서 일어날 일에 대하여 성령님께서 안내를 해 주실 것을 기대할 수 있습니다.

하나님께서 어떤 사람에게 지혜의 말씀을 주셨던 경우를 성경의 예를 들어 보겠습니다. 하나님께서는 요셉에게 지혜의 말씀을 주셔서 그를 향한 하나님의 미래의 계획을 계시해 주셨습니다. 요셉이 아직 10대 소년이었을 때 하나님께서는 꿈들을 통해서 요셉이 그의 미래를 살짝 볼 수 있게 하셨습니다. 요셉은 언젠가는 그가 그의 형제는 물론 부모까지도 다스리게 될 것이라는 꿈을 꾸었습니다(창 37:5-10).

요셉의 형제들은 그를 시기하여 그를 이스라엘 사람들에게 종으로 팔았습니다(창 37:27-28). 종살이를 하는 동안에도 주님은 요셉을 형통하게 하셨지만 마침내 요셉은 억울하게 고소당해서 감옥에 가게 되었습니다(창 39:7-20).

요셉은 감옥에서 오랜 세월을 보냈습니다. 대개 사람들은 부당하게 감옥에서 오랜 세월을 보낸 후에는 쓴 뿌리를 갖게 됩니다. 대부분의 사람들이라면 하나님께서 그들에게 하셨던 것도 포기하고 잊어버렸을 것입니다.

  이와 같이 주님께서 어떤 사람에게 지혜의 말씀을 주시면 대개 그 사람은 그 말씀이 이루어지는 데는 얼마나 오랜 시간이 걸릴지 짐작하지 못합니다. 뿐만 아니라 그는 그것이 이루어지기 위해서는 어떤 일들이 일어나야만 하는지도 알지 못합니다. 어떤 경우에는 그 사람이 기대하던 것과 전혀 다른 방법으로 이루어질 수도 있습니다. 그러므로 신자들이 지혜의 말씀이 이루어지는 것을 주님의 손에 맡겨두고 주님께서 그에게 말씀하신 것에 대해 믿음을 가지고 있는 것이 중요합니다. 요셉은 그렇게 했습니다. 수년 동안 모든 것에 소망이 없어 보였습니다만 요셉은 하나님께 신실하게 십대소년으로서 받았던 지혜의 말씀이 마침내 이루어질 것을 믿었습니다.

  하나님께서는 그를 그 당시에 가장 위대한 나라의 총리가 되게 함으로써 요셉을 높이 진급시켜주었습니다(창 41:38-41). 마침내 요셉은 그의 형제들이 이집트에서 두 번째로 높은 자리에 있는 그에게 절을 할 때 자신이 주님으로부터 받았던 꿈이 이루어진 것을 목격하였습니다(창 42:6).

  주님께서 지혜의 말씀을 통해 나를 인도해 주셨던 나의 삶의 예들을 나누어 보겠습니다. 때때로 지혜의 말씀은 성령님의 권위 있는 음성을 통해 주어졌습니다. 여러 번 하나님께서는 새벽에 귀에 들리는 성령님의 목소리로 나를 깨우셔서 앞으로 일어날 일에 대해 대비할 수 있도록 미래에 관한 어떤 것에 대해 내게 말씀하셨습니다.

예를 들면 1956년 내가 캘리포니아에서 집회를 열고 있을 때였습니다. 아침 해가 떠오른 뒤에 나는 갑자기 침대에 일어나 앉았습니다. 마치 누군가가 나에게 손을 댄 것 같았습니다. 나는 어떤 사람이 내 침실에 서 있는 것처럼 분명하게 귀에 들리는 성령님의 음성을 들었습니다. 나는 이런 말씀을 들었습니다. "불경기가 아니라 불황이 다가오고 있다. 미래 준비를 하여라."

그런 일이 있은 후 몇 달 동안 나는 준비해야 하는 만큼 준비하지는 않았습니다. 성령님의 경고에 내가 별로 주의를 하지 않았기 때문에 나는 경제적으로 고통을 당하게 되었습니다. 그러나 하나님께서는 내가 주님의 말씀을 듣지 않아서 스스로 빠진 경제적인 어려움으로부터 내가 회복될 수 있도록 후에 도와 주셨습니다.

비슷한 사건이 1974년에도 있었는데, 그때 나는 성령님께서 내게 하라고 하는 대로 순종했습니다. 그때는 우리가 아직은 털사의 쉐리단 어셈블리에 있던 레마 성경훈련소 첫 해였습니다.

어느 날 아침 5시 45분, 나는 침대에 바로 일어나 앉아 있었습니다. 주님께서 내게 말씀하셨습니다. "경제적인 재난이 이 나라에 다가오고 있다. 그것에 대비해라. 네가 만일 내가 네게 하라는 대로 하면 너는 이 재난의 영향은 느끼겠지만 다른 사람들이 당하는 만큼 어려움은 당하지 않을 것이다."

나는 주님께서 내게 지시하신 대로 정확하게 기록해 두었습니다. 주님은 말씀하셨습니다. "첫 번째는 무엇보다도 내가 하라고 말하지 않은 전도활동은 하지 말아라. 두 번째로 너의 직원들 중에서 이만큼을 해고시켜서 너의 지출을 줄여라(주님은 몇 명을 해고해야 할지 정확한 숫자를 말해 주셨습니다). 셋째로 비용지출을 줄여라. 너의 수입의 90%를 가지고 사역을 하는데 쓰고 나머지 10%는 저축을 해라."

나는 즉시 주님의 지시대로 실천했습니다. 나는 그 당시에 나의 사무실 관리자로 있던 나의 사위 버디를 불러서 이렇게 지시했습니다. "나는 오늘 오후 2시에 모든 직원들을 만나고 싶네."

직원 모임에 나는 주님께서 내게 말씀하신 것을 적어 놓았던 종이를 가지고 나갔습니다. 나는 종업원들에게 말했습니다. "이제 여러분, 나는 주님께서 오늘 아침 내게 말씀하신 것을 여러분에게 말하려고 합니다." 그리고 나서 나는 내가 써 놓은 것을 읽었습니다.

나는 그들에게 말했습니다. "나는 주님께서 하라고 하신 것을 그대로 할 것입니다. 나는 주님의 음성을 듣고 순종하는데 어려움이 없었습니다. 사실은 내가 그분의 음성에 귀를 기울이지 않을 때마다 나는 항상 어려움을 당했습니다. 나는 주님께 불순종한 결과로 인해 고통을 당하는 것을 원하지 않습니다."

그러고 나서, 나는 주님의 지시를 따랐습니다. 우리는 주님께서 우리에게 명하신 숫자의 인원을 해고 했습니다. 우리는 주님께서 시작하라고 하시지 않았던 여러 가지 전도활동을 중지했습니다. 내가 주님께 순종하였기 때문에 모든 것은 순조롭게 되어 갔습니다.

나는 또한 하나님께서 내게 지시한대로 사역으로 들어오는 수입의 10%를 저축하기 시작했습니다. 1976년에 우리는 새로운 레마 캠퍼스와 사역본부를 위해 땅을 구입해야 한다는 것을 알았습니다. 내가 1974년에 하나님께 순종하여 10%를 저축하지 않았더라면 우리는 브로큰 애로우에 있는 그 땅을 살 돈이 수중에 없었을 것입니다!

하나님께서는 성령님의 권위 있는 음성을 통해 지혜의 말씀으로 다가올 일들을 경고하셨고 우리는 하나님의 지시에 순종하였습니다. 주님께서 우리에게 하신 지시 때문에 1975년 전국을 강타한 경제적인 압력을 우리의 사역은 조금밖에 느끼지 않았습니다.

우리는 재정적인 큰 고통은 겪지 않아서 경제적인 재난을 통과했을 뿐만 아니라 우리는 브로큰 애로우에 있는 새 장소에 이사하는 하나님의 계획을 이룰 수 있었습니다. 하나님께 순종하면 언제나 덕을 봅니다! 신자들의 삶을 위한 하나님의 계획 가운데로 인도함에 있어서 성령님은 어떤 사람에게 지혜의 말씀을 통해 그를 향한 하나님의 소명이나 명령을 확신시켜 주시기도 합니다.

예를 들면 나는 주님께서 초자연적으로 방언과 통역을 통해서 지혜의 말씀을 주심으로써 한 선교사 자매에게 그녀의 소명을 확신시켜 주셨던 이야기를 들은 적이 있습니다. 이 자매는 낙심한 마음의 상태로 미국에 돌아오기 전까지 인도에서 7년간 사역을 했었습니다.

어느 날 선교사 자매는 한 작은 성경대학에서 선교에 관해서 강의를 하고 있었답니다. 그런데 갑자기 학생들 중 한 사람이 일어서더니 방언으로 말하기 시작했습니다. 모든 사람들은 기다렸으나 아무 통역도 주어지지 않았습니다. 그러나 강단에 앉아 있던 그 선교사 자매는 울기 시작했습니다. 그녀는 방언으로 주어진 말씀에 깊은 감명을 받은 것이 분명했습니다. 마침내 그 선교사는 일어나서 강단 앞으로 나왔습니다. "우리는 그 말씀에 대해 통역할 필요가 없습니다. 방언으로 주신 말씀은 바로 나를 위한 것이었습니다." 그녀는 소리쳤습니다. "저 학생은 내가 7년 동안 섬겼던 그 인도 부족의 방언으로 말을 했습니다."

"나의 선교단체에서는 아직 모르고 있지만 나는 다른 선교사를 위해서 모금을 하려고 온 나라를 다니며 말씀을 전하고 있습니다. 나는 인도에 결코 돌아가지 않을 생각이었습니다. 그러나 하나님께서는 지금 내게 말씀하셨습니다. 방언으로 메시지를 주셔서 나의 소명을 확인시켜 주셨습니다. 주님께서는 '내가 너를 인도로 불렀다. 너는 그곳으로 돌아가서 섬겨라'고 말씀하셨습니다." 그리고 나서 그 선교사 자매는 그녀의 인도에서 앞으로의 사역에 관해서 주님께서 방언으로 주신 말씀을 그 학생과 나누었습니다. 지혜의 말씀을 통해 하나님께서는 그 선교사 자매에게 초자연적인 안내와 함께 그녀의 인도에 대한 소명을 확신시켜 주셨던 것입니다.

그 선교사는 인도로 되돌아갔습니다. 그녀의 삶을 향한 하나님의 뜻에 순종하여 실제로 그녀는 35년을 그곳에서 더 보냈습니다. 성령님께서 우리들의 삶을 향한 하나님의 계획을 보여 주시기 위해 우리를 인도하시는 몇 가지 방법을 다른 사람들의 삶과 나의 삶과 말씀으로 여러 가지 예를 들어 보았습니다. 주님께서 우리를 인도하시는 가장 우선적인 방법은 내적 증거라는 것을 명심하십시오.

주님께서는 좀더 특별한 방법으로 우리를 인도하실 수도 있지만 우리는 음성이나 꿈이나 환상을 구하지는 말아야 합니다. 성경이 약속하고 있는 대로 성령님의 인도를 받을 것을 기대하면서 우리는 오직 주님만을 찾을 필요가 있습니다.

여러분은 자신의 삶을 위한 주님의 인도를 받기 위해서 말씀과 기도 안에서 주님 앞에서 기다려야 하는 개인적인 책임을 가지고 있습니다. 주님께서 어떤 방법이 적당하다고 생각하고 여러분을 인도하시든지 성령님을 그냥 신뢰하십시오. 앞으로 일에 대해서 당신에게 준비하라고 하는 말씀에 순종하고 그분의 인도에 민감한 상태를 유지하십시오. 당신이 기꺼이 순종하기만 하면 주님은 당신의 삶을 위한 하나님의 계획과 목적을 온전히 이루도록 당신을 한 발자국 한 발자국 인도하실 것입니다.

06

하나님께 순종하는 것은 돈이 드는 것이 아니라 돈을 버는 일입니다

수년 전에 순회사역을 하고 있을 때 나는 대부분 운전을 해서 집회 장소에 가곤 했습니다. 그 당시에는 운전하는 것이 더 편리해서 나는 많은 책과 테이프를 가지고 다녔습니다.

한번은 내가 아내와 함께 미조리주를 통과하는 도중에 고속도로변에 큰 광고판이 있는 것을 보았는데 거기에는 이렇게 쓰여 있었습니다. "돈이 드는 게 아니라 돈이 벌립니다." 그 광고판의 글은 상품을 선전하고 있었습니다만 나는 아내에게 이렇게 말했습니다. "저 말은 영적으로도 적용할 수 있겠어요. '하나님께 순종하는 것은 돈이 드는 일이 아니라 돈이 벌리는 일입니다'라고요."

어떤 그리스도인들은 그들이 그리스도인이 되려고 그들이 포기했던 것과 그들이 지불했던 대가에 대해서 항상 말하며 삽니다. 나는 이런 이야기를 들으니 차라리 한밤에 당나귀 우는 소리를 듣겠습니다!

하나님께 순종하며 당신의 삶을 주님을 위해 헌신하는 것은 값을 지불하는 것이 아닙니다! 그것은 돈을 버는 일입니다! 하나님께 순종하지 않는 것이 당신에게 대가를 지불하도록 할 것입니다. 달러와 센트와 같이 돈으로 지불하게 될지도 모릅니다. 병이 들거나 몸이 약하거나 일찍 죽는 것으로 지불하게 될지도 모릅니다. 가슴 아픈 일이나 슬픔으로 지불해야 될지도 모릅니다. 그러나 하나님께 감사할 것은 하나님의 온전한 뜻 가운데 당신이 온전히 순복하여 헌신하고 하나님의 뜻에 완전히 복종하는 것은 너무나도 좋은 일이라는 것입니다! 하나님께 불순종하는 것보다 순종하는 것이 훨씬 더 좋은 일입니다.

불순종은 불을 꺼버립니다

어떤 사람이 하나님께서 구체적으로 하라고 한 것을 불순종할 수 있습니다. 그것은 불순종입니다. 그러나 어떤 사람이 성경,

즉 하나님의 계시된 뜻에 불순종할 수도 있는데 이것도 마찬가지로 불순종입니다. 불순종은 값을 지불하게 됩니다.

예를 들면 나는 하나님께서 걱정하는 죄에 대해서 나를 처음 다루기 시작하셨을 때를 기억하고 있습니다. 나는 기형 심장과 불치의 혈액병으로 말미암아 전신마비 상태로 침대에 누워있었습니다. 걱정과 근심은 그 사람의 믿음을 방해하기 때문에 내가 믿음으로 몸을 고침받기 위해서는 걱정하는 죄를 먼저 해결해야만 했습니다.

나는 그 당시 열다섯 살의 소년이었습니다. 어린아이가 무슨 걱정을 할 수 있겠느냐고 말할지 모릅니다만 어린 아이들도 걱정할 수 있습니다. 어린 아이들은 그들의 부모님들이 하는 것을 보고 그대로 본받는 복사판입니다.

나는 아주 어려서부터 걱정하는 것을 배웠습니다, 나의 어머니와 할머니는 걱정하는 데는 세계 챔피언이었고 아마도 나는 이 두 분 다음으로 세 번째쯤 되었을 것입니다!

나는 침대에 누워서 죽어가고 있다가 거듭났습니다. 나는 그때 하나님의 말씀을 읽은 것은 어떤 것도 의심하지 않겠다고 하나님께 약속을 하였습니다. 그러나 성경을 읽어 가다가 나는 마태복음 6장에 걸렸습니다. 나는 그 말씀이 마음에 걸려서 그 장을 빠져 나오는데 6개월이 걸렸습니다.

그러므로 내가 너희에게 말하노니, 너희 목숨을 위하여 무엇을 먹을까, 무엇을 마실까, 또 몸을 위하여 무엇을 입을까 염려하지 말라. 목숨이 음식보다 중요하지 아니하며 몸이 의복보다 중요하지 아니하냐? … 또 너희 가운데 누가 염려함으로 자기 키를 한 큐빗이나 더 늘릴 수 있겠느냐? 또 어찌하여 너희는 의복에 대해서 염려하느냐? 들의 백합화가 어떻게 자라는지 유의해 보라. 그것들은 수고도 아니 하며 길쌈도 아니 하느니라. … 그러므로 무엇을 먹을까, 무엇을 마실까, 또 무엇을 입을까 하고 말하며 염려하지 말라.

마 6:25, 27-28, 31

나는 주님께 내가 하나님의 말씀에서 읽은 것은 어떤 것도 의심하지 않겠다고 약속을 했었습니다. 나는 주님께 말했습니다. "내가 주님의 말씀을 읽고 이해한다면 나는 말씀을 실천할 것을 주님께 약속합니다." 그러나 영적으로 말하면 내가 마태복음 6장에 이르렀을 때 그 말씀을 실천에 옮기지 않았기 때문에 그만 그 빛이 흐려지고 말았습니다.

당신은 이렇게 말할지도 모르겠습니다. "나는 내가 읽고 이해한 것은 항상 실천하며 하나님의 말씀을 결코 의심하지 않겠다고 하나님께 어떤 약속도 하지 않았는데요."

그러나 구원 받았다면 당신은 하나님의 말씀을 의심해서는 안 됩니다. 어떤 사람들은 자신들이 하나님의 말씀에 신실하겠다고 헌신하지 않았으면 말씀에 순종하지 않아도 괜찮은 것처럼 생각합니다. 그러나 당신이 하나님의 자녀라면 하나님께서는 당신이 하나님의 말씀을 믿기로 작정했든지 안 했든지 당신의 믿음을 요구하십니다.

마태복음 6:25은 이렇게 말씀하고 있습니다. "목숨을 부지하려고 걱정하지 말아라." 병상에 누워서 내가 읽고 있던 성경은 이 구절 아래 난외주가 작게 적혀있었는데 "내일 일을 걱정하지 말아라"라고 말씀하고 계셨던 것입니다.

주님께서 나를 다루고 계신 것이 무엇인지 알았을 때 나는 놀라움에 이렇게 말했습니다. "주님, 이렇게 살아야 된다면 난 결코 그리스도인이 될 수 없겠는데요." 염려하거나 걱정하지 않고 산다는 것은 불가능하다고 나는 생각했습니다. 그래서 나는 성경을 덮어버렸습니다.

그때까지만 해도 하나님 말씀에 있는 것은 무엇이든지 분명하고 쉽고 내게 축복이 되었습니다. 그러나 내가 하나님께서 그분의 말씀 가운데 내게 보여주신 그 빛 가운데로 걷기를 거절하자 모든 것이 내게는 어둡고 흐려지고 분명하지 않게 되어 버렸습니다.

나는 계속 '성경을 읽되 마태복음 6장만 건너뛰어야지'라고 스스로 생각했습니다. 그래서 나는 계속 읽었습니다. 나는 심지어 적그리스도에 관해서까지 공부하기 시작했습니다! 적그리스도의 문제는 내게 문제가 되는 것이 아니었기 때문에 내가 적그리스도에 관해서 읽을 때 나에게는 자극이 되지 않았습니다. 그러나 걱정하는 것은 문제였습니다. 내가 이 분야에 관해 하나님 말씀을 실천하고 있지 않았기 때문에 이런 말씀을 읽으면 내 양심에 걸렸습니다.

이와 같이 당신도 이미 가지고 있는 빛 가운데서 행하기 전에는 하나님으로부터 더 많은 빛을 받을 수 없게 될 것입니다. 그러므로 당신이 하나님의 말씀 가운데 이해하지 못하는 것에 대해서는 관심을 가지지 말고 당신이 알고 있는 것을 실천하는 것을 확실히 하십시오. 나머지는 저절로 해결될 것입니다.

마침내 나는 주님께 말씀드렸습니다. "걱정하고 염려로 가득했던 것을 용서해 주십시오. 요한일서 1장 9절에 내가 주님께 죄를 고백하면 주님은 신실하시고 의로운 분이셔서 나의 죄를 용서하시고 나를 모든 불의에서 깨끗하게 해주신다고 말씀하셨으므로 나는 주님께서 나를 용서해 주실 것을 알고 있습니다. 주님, 제가 주님께 약속합니다. 내가 살아있는 동안에는 결코 다시는 염려를 하지 않겠습니다."

많은 세월이 오고 가는 동안 내가 대단히 유혹을 받았어도 염려는 하지 않았다는 것에 대해서는 하나님께서 나의 증인이십니다.

하나님과 그분의 말씀에 순종하는 것은 유익이 됩니다. 사실 여러분이 하나님의 말씀의 빛 가운데 행하지 않고 있다면 당신을 위한 하나님의 구체적인 뜻 가운데 행하면서 당신의 삶을 위한 하나님의 계획과 목적을 따르는 것은 매우 어려울 것입니다.

사랑하는 친구여, 하나님은 당신의 삶을 위해 완전한 계획을 가지고 계시며 그 계획은 그분의 말씀의 빛 가운데 걸어가는 것을 포함합니다.

병 고침은 당신의 삶을 위한 하나님의 계획의 한 부분입니다

예를 들면 당신이 하나님이 주시는 건강 가운데 사는 것은 당신을 위한 하나님의 완전한 뜻입니다. 만일 지금 당신이 아프다면 당신을 위해 하나님은 병 고침을 예비해두셨습니다. 그러나 하나님의 최선은 우리가 건강하게 사는 것입니다.

하나님이 옛 언약 아래 살던 사람들에게 주신 것보다 새 언약 아래 사는 우리를 위해서 더 적게 주신 것은 없습니다. 사실 성경은 우리가 그리스도 안에서 더 좋은 약속에 근거하여 새롭고 더 좋은 언약을 받았다고 말씀하고 있습니다(히 8:6).

구약성경에서 하나님은 이스라엘 백성에게 말씀하셨습니다. "내가 너희 가운데서 질병을 없애겠다"(출 23:25).

> 너희는 주 너희 하나님을 섬길지니라. 그가 너의 양식과 너의 물에 복을 주며 내가 네 가운데서 병을 제거하리라. 네 땅에는 유산하는 자가 없고 임신하지 못하는 자도 없으리니 내가 네 날들 수를 채우리라. 출 23:25-26

주님께서 이스라엘 사람들에게 그들이 결코 죽지 않으리라고 말씀하지 않은 것을 주의하십시오. 주님은 "내가 너희 수명대로 다 살게 하겠다"고 말씀하셨습니다. 이 말씀은 그들이 질병이나 아픈 것이 없이 살다가 죽게 된다는 의미였습니다. 왜냐하면 그 앞 구절에서 주님은 이렇게 말씀하셨기 때문입니다. "너희 가운데서 질병을 없애겠다."

어떤 사람들은 보통 이렇게 생각합니다. "그게 사실이라면, 즉 이스라엘 사람들이 아프거나 병에 걸리지 않고 살 수 있었다면 어떻게 그들이 죽을 수 있었을까?"

그 언약의 내용대로 살았던 구약의 족장들은 아프거나 병에 걸려 죽지 않았습니다. 그들은 그냥 늙어 죽은 것이지요! 많은 경우에 그들은 먼저 그들의 자녀들을 불러서 손을 얹고 축복을 빌었습니다. 그러고 나서 단지 이렇게 말하곤 했습니다. "이제 내가 갈 시간이 되었구나." 그리고 숨을 거두고 바로 영광으로 들어갔습니다.

어떤 사람들은 또 이렇게 말합니다. "그렇지만 그것은 옛 언약 아래서 있던 일입니다. 그것은 이스라엘 사람들에게만 해당되는 것입니다. 그것은 교회에 해당되는 것이 아닙니다." 그러나 우리는 방금 히브리서 8장 6절에서 그리스도 안에서 우리가 더 좋은 약속에 세워진 새롭고 더 좋은 언약을 가지고 있다고 말하고 있는 것을 읽었습니다! 만약 옛 언약 아래 살던 사람들이 아프지도 않고 질병에도 걸리지도 않고 사는 특권을 가졌었다면 새 언약은 얼마나 더 좋겠습니까? 그런데 우리에게는 그와 같은 특권이 없다는 말입니까?

나는 집회를 인도하고 있던 한 교회 목사님의 사무실에 이런 글이 적혀 있는 것을 보았습니다. "나는 부요한 적도 있었고 가난한 적도 있었다. 그런데 부요한 편이 더 나았다." 나는 이 말을 이렇게 바꾸어 표현해 보았습니다. "나는 건강한 적도 있었고 아픈 적도 있었다. 그런데 건강한 것이 더 나았다."

우리는 더 좋은 약속들에 근거해 세워진 새롭고 더 좋은 언약을 가지고 있기 때문에 새 언약은 옛 언약이 가지고 있었던 것을 모두 포함하고 더 포함하고 있어야 마땅합니다. 그렇지 않다면 더 좋은 것이 아닙니다.

순종에는 값이 따릅니다

이스라엘 사람들에게 하셨던 하나님의 병 고침의 약속에는 조건이 있었다는 것을 주의하십시오. 이 조건이란 그들이 자신을 하나님과 하나님의 말씀에 헌신하고 복종하는 것이었습니다. 그들이 하나님과 하나님의 말씀에 자신을 드리고 복종하였을 때 하나님께서는 하나님께서 언약의 지키실 부분을 지키셔서 그들 가운데서 아픈 것은 없애주시고 그들이 그 땅에서 오래 살며 누리도록 해주셨습니다. 이와 같이 하나님과 그분의 말씀에 순종하는 것은 돈이 드는 것이 아니라 오히려 돈을 버는 것입니다.

하나님은 인간에게 계시된 하나님의 뜻인 그분의 말씀에 우리가 순복하기를 원하십니다. 그러나 하나님은 우리가 각 사람의 삶을 위한 그분의 뜻이나 계획에 순종하기도 원하십니다. 나는 지금 하나님의 왕국 안에서 당신이 섬길 그 자리에서 사명을 이루는 것에 관해 말하고 있습니다. 만일 당신이 당신의 삶의 모든 분야에서 하나님께 순종하면 손해를 보게 되지 않고 오히려 덕을 보게 될 것입니다!

나는 어떤 사역자가 이렇게 말하는 것을 들은 적이 있습니다. "설교를 하는 것과 성경을 가르치거나 성경의 진리를 토론하는 것은 마치 산을 올라가는 것과 같습니다. 만일 당신이 한쪽으로 산을 올라가면 당신은 한쪽에서 보이는 경치만 봅니다. 만일 당신이 한쪽으로 산을 올라가면 당신은 한쪽에서 보이는 경치만 봅니다. 만일 다른 쪽으로 올라간다면 당신은 전혀 다른 경치를 보게 됩니다."

이 말은 분명히 맞는 말입니다. 예를 들면 설교자들은 흔히 하나님의 사랑에 관해서 말씀을 전합니다. 물론 성경적입니다. 하나님께 감사합시다. 하나님은 사랑이십니다. 성경은 하나님은 사랑이시라고 말씀하고 있습니다(요일 4:8). 그러나 똑같은 성경이 하나님은 소멸하는 불이라고도 말씀하고 있다는 것을 알고 있습니까?(신 4:24. 히12:29) 성경은 또한 "심판은 하나님의 집에서 시작되며 의인도 겨우 구원을 받으면 경건하지 않은 자와 죄인은 어떻게 되겠습니까?"라고 말씀하고 있다는 것을 알고 있습니까?(벧전 4:17-18)

많은 사람들이 하나님의 심판하는 것에 대해서는 듣기를 좋아하지 않습니다. 그들은 하나님은 사랑이시므로 그들이 원하는 대로 욕을 하고 담배를 피우고, 술을 마시고, 간음을 행해도 하나님은 그저 눈이나 찡긋하실 것이라는 식의 말을 더 듣기 원합니다. 이런 짓을 하는 사람들은 하나님께 조금도 헌신이 되어 있지 않은 사람들입니다. 그들은 육신과 세상과 마귀에게 헌신되어 있습니다. 물론 하나님은 사랑이십니다. 성경은 이렇게 말씀하고 있습니다.

> 하나님께서 세상을 이처럼 사랑하셔서 그의 독생자를 주셨으니, 이는 그를 믿는 사람은 누구든지 멸망하지 않고 영생을 얻게 하려 하심이니라.   요 3:16

하나님은 우리에게 아들을 선물로 주셨건만 우리는 하나님의 선물을 어떻게 했습니까? 하나님과 그분의 말씀을 거절하면 심판을 자초합니다. 사람들은 하나님과 그분의 말씀에 계속 불순종함으로써 스스로 심판을 자초할 뿐입니다.

어떤 사람들은 그들이 원하는 것은 무엇이든 하면서 그들이 원하는 삶을 아무렇게나 살아도 하나님께서는 여전히 그들을 사랑할 것이라고 생각합니다. 하나님께 감사합니다. 하나님은 우리를 사랑하십니다. 그러나 잘못한 것에 대해서는 여전히 형벌이 있습니다.

만일 당신이 하나님으로부터 멀어졌다가 회개하고 하나님께 돌아오면 하나님은 다시 받아주실 만큼 당신을 사랑하십니다. 당신이 허락만 한다면 하나님은 당신을 깨끗하게 하시고 바로잡아 주실 것입니다. 그러나 당신이 계속 잘못하고 불순종한다면 당신은 반드시 그 값을 치르게 될 것입니다.

많은 경우에 나쁜 일들이 일어나면 사람들은 "하나님께서 이렇게 하셨나요?"하고 묻습니다. 아닙니다. 대개는 사람들이 그들 자신의 불순종으로 말미암아 마귀에게 문은 열어놓은 것입니다.

내 말을 오해하지 마십시오. 당신이 시험을 당하며 시련을 겪고 있다는 것만 가지고 당신이 불순종했다고 하는 것은 아닙니다. 당신이 하나님의 완전한 뜻의 한가운데 있어도 마귀는 당신을 공격하려고 할 것입니다. 마귀는 영적으로 당신이 어느 정도 되는지 알아보려고 하며 당신이 말씀에 관해서 믿는다고 말하고 있는 것들도 실제로 그렇게 믿고 있는지 알아보려고 시도합니다. 그러나 당신이 하나님의 말씀 위에 믿음으로 굳게 서서 버티게 되면 보상받는 날이 올 것입니다. 왜냐하면 하나님께 순종하고 하나님과 그분의 말씀에 신실한 것은 값을 지불하는 것이 아니라 오히려 유익을 보는 것이기 때문입니다!

하나님을 섬기는 데는 유익이 있습니다! 주님께 순종하는 데는 유익이 있습니다! 당신 자신을 포함해서 자신의 모든 소유와 당신이 앞으로 되어질 일까지 포함해서 당신의 삶을 전부 하나님께 헌신하는 것은 유익이 있습니다.

하나님은 신실함에 대해 보상해 주십니다

주님께 순종하여 그분이 우리의 삶을 주관하도록 하면 때로는 그 순간은 비싼 값을 지불한 것처럼 보이기도 합니다. 왜냐하면 하나님을 순종하기 위해서는 우리가 지불해야 할 값이 흔히 있기 때문입니다. 그러나 하나님께 감사할 것은 장기적으로 보면 하나님께 순종하는 것이 아주 좋은 일이고 유익도 많다는 것입니다.

그 순간은 하나님의 계획이 가장 쉬워 보이지 않을지라도 끝에 가서는 하나님께 순종하는 것이 항상 훨씬 낫다는 것을 보여주는 예를 성경에서 들어 보여주겠습니다. 창세기 37장부터 50장까지 우리는 요셉에 대한 이야기와 그가 하나님께 순종하기 위해 지불해야 했던 값에 대해 읽을 수 있습니다.

요셉이 가지고 있었던 문제를 여러분은 알고 있습니다. 하나님께서는 요셉의 삶에 대한 하나님의 계획에 관해서 요셉에게 꿈을 꾸게 하셨습니다. 요셉의 형제들이 그를 시기하며 그를 죽이려고 하였지만 한 형제가 끼어들어서 요셉을 죽이는 대신 종으로 팔았습니다. 그리고 나서 그들은 아버지 야곱에게 야생동물이 그들의 형제를 잡아먹었다고 말했습니다.

요셉은 노예로 이집트에 가서 많은 핍박을 받고 자기가 저지르지도 않은 죄로 인하여 7년이나 감옥에 갇혀 세월을 보냈습니다. 그때에 그는 술잔을 올리는 시종장에게 그의 꿈은 그가 복직하게 될 것을 의미한다고 말해주었고 빵을 굽던 시종장에게는 그의 꿈이 그가 곧 목이 잘려 죽게 될 것을 의미한다고 말해 주었습니다.

요셉은 술잔을 올리는 시종장에게 그 자리에 다시 돌아가거든 자신을 잊지 말아달라고 했지만 그는 요셉을 잊어버렸습니다. 요셉은 그때 벌써 5년을 감옥에서 보낸 뒤였습니다. 그는 마침내 감옥에서 풀려나오기까지 2년을 더 감옥에 갇혀 있어야만 했습니다.

그 술잔을 올리는 시종장이 자기를 잊어버린 것을 알았을 때 요셉은 하나님께서 그에게 주셨던 꿈을 포기할 기회가 있었습니다. 그러나 그는 끝까지 신실하였습니다. 이런 경우 대부분의 사람들과 같았더라면 요셉은 이렇게 말했을지도 모릅니다. '나는 하나님께 순종했고 나는 술잔을 올리는 시종장에게 호의를 베풀어주기도 했는데 내게 돌아온 것이 무엇인가? 나를 잊어버리다니! 하나님을 섬겨도 아무 유익이 없잖은가.'

그러나 요셉이 신실하였음으로 나중에 바로의 꿈을 해석하였을 때 이집트 총리로 진급하게 되었습니다!

물론 때로는 그의 삶을 향한 하나님의 뜻 가운데 걸어간 것이 큰 값을 지불한 것처럼 보이지만 요셉의 순종은 유익이 컸습니다. 가뭄이 들어 온 이스라엘에 기근이 왔을 때 요셉의 아버지 야곱은 그의 아들들을 이집트로 보내어 곡식을 사오도록 했습니다. 그러나 그는 막내 베냐민은 보내지 않았습니다. 요셉과 베냐민은 라헬을 통해 낳은 그의 가장 어린 두 자녀였습니다. 야곱은 이미 요셉을 잃었고 베냐민까지 잃기를 원하지 않았습니다.

요셉은 그들이 곡식을 사러 왔을 때 그의 형제들을 알아보았지만 그의 형제들은 그를 알아보지 못했습니다. 처음에 요셉은 그의 형제들을 간첩으로 몰아서 그들에게 엄하게 말을 했습니다. 요셉은 그의 아버지와 형제인 베냐민을 다시 보려는 계획으로 그렇게 하고 있었던 것입니다.

요셉이 그들에게 말하기를 "아니라. 이 땅의 실상을 보려고 너희가 왔느니라"하니 그들이 말하기를 "당신의 종들은 열두 형제들로 가나안 땅에 있는 한 사람의 아들들인데, 보소서,

막내아들은 오늘 우리 아버지와 함께 있고, 또 하나는 없나이다"하니 또 요셉이 그들에게 말하기를 "내가 너희에게 이야기하여 말하기를, 너희는 정탐꾼들이라 한 것이 이것인데 너희는 이같이 하여 증명해야 하리니, 너희의 막내아우가 여기에 오지 않으면 파라오의 생명으로 맹세하노니 너희는 여기서 나가지 못하리라. … 만일 너희가 진실한 자들이면 너희 형제 중 한 사람만 감옥의 집에 갇히게 하고 너희는 너희 집안의 기근을 위하여 곡식을 가지고 가서 너희의 막내아우를 내게 데려오라. 그리하면 너희의 말들이 증명되고 너희가 죽지 아니하리라"하니 그들이 그렇게 하니라. … 요셉이 그들로부터 돌아서서 울고 다시 그들에게 돌아와서 그들과 대화하고 그들에게서 시므온을 취하여 그들이 보는 앞에서 그를 결박하였더라. 창 42:12-15, 19-20, 24

형제들은 약간의 곡식을 가지고 아버지 야곱이 있는 집으로 돌아와서 일어났던 모든 일을 야곱에게 말했습니다. 그들이 이집트의 총리가 시므온을 감옥에 가두어두고 그가 곡식을 더 주기 전에 베냐민을 보기를 원한다고 말했을 때 야곱은 매우 낙심하였습니다. 야곱이 그들에게 말했습니다. "너희가 나의 아이들을 다 빼앗아 가는구나. 요셉을 잃었고 시므온도 잃었다.

그런데 이제 너희는 베냐민마저 빼앗아 가겠다는 거냐? 하나같이 다 나를 괴롭힐 뿐이로구나!"(창 42:36)

야곱은 상황이 자신에게 불리하다고 생각했지만 사실 그동안 하나님께서 그에게 은총을 베푸시는 중이었던 것입니다! 야곱은 기근에 살아남기 위해서 베냐민을 잃어버릴 수 있는 위험을 감수하려고 했는데 이것은 치르기에는 너무나 엄청난 값처럼 보였습니다. 그러나 야곱이 포기하자 하나님은 모든 것이 잘되게 하여서 결국은 야곱이 베냐민을 이집트로 보내기로 한 결정이 유익이 되도록 하셨습니다.

하나님과 그분의 말씀에 순종하고 삶에서 그분의 인도에 순복하는 것은 항상 유익이 됩니다. 내가 말한 것처럼 불순종하게 되면 당신은 그 값을 무엇으로든지 지불하게 될 것입니다.

어려운 방법으로 순종을 배우지 마십시오

1차대전 전에 순회전도자로서 성공과 명예를 누리던 아주 교육을 많이 받은 한 교단 소속 목사님에 대해서 나는 알고 있습니다.

그 목사님은 책을 몇 권 출판했으며 전 세계에 걸쳐서 강사로의 초청이 쇄도했습니다. 그는 남 캘리포니아 주의 저택에 살면서 수천달러 가치가 있는 도서실을 가지고 있었습니다. 그는 최고급 승용차를 몰았으며 여러 개의 은행에 제법 큰 저축 구좌를 가지고 있었습니다.

이 사역자는 캘리포니아에서 있는 어떤 은사주의자들의 기도회에 참석했다가 성령세례에 관한 진리를 알게 되었습니다. 그는 이렇게 말했습니다. "성령으로 충만 받은 증거로써 내가 방언을 말하는 것을 하나님이 원하신다는 것을 나는 알았습니다. 기도회 가운데 어느 날 밤 내가 주님을 기다리고 있을 때 성령님께서 내 위에 임하셨고 나는 말을 더듬다가 다른 방언으로 말하기 시작했습니다."

그리고 나서 나는 지금 일어나고 있는 일에 대해 생각하기 시작했습니다. 나는 내가 속한 교단이 은사주의자들, 즉 방언을 말하는 사람들에 대해서 어떻게 믿고 있는지에 관해서 생각했습니다. 그들은 방언을 말하는 사람들은 일종의 이단집단이라고 생각하고 있었습니다.

"나는 이것이 교회에서의 나의 위치에 어떤 영향을 끼치게 될 것인지 또 나의 수입에는 어떤 영향을 끼치게 될 것인지 생각해 보았습니다. 내가 이런 생각을 하고 있는 동안에 기름부음이 새처럼 날아서 나를 떠나버렸습니다. 하나님께서 내가 성령으로 충만 받기를 원하신다는 것을 나는 알고 있었지만 나는 이렇게 말했습니다. '이것은 치를 값이 너무나 큽니다. 나는 나의 체면을 잃고 나의 교단에서 인정을 받지 못하게 될 것입니다.' 그 기름부음이 나를 떠나고 아무도 보고 있지 않을 때 나는 조용하게 그 집회에서 슬그머니 빠져 나왔습니다."

그 달이 지나기 전에 다음 집회를 하면서 이 사역자는 매우 아프게 되었습니다. 그리고 이어서 2년 동안 그는 건강을 회복하려고 그의 모든 재산을 병원과 의사에게 다 바치게 되었습니다.

그 사역자의 건강은 점점 더 악화되었지만 의사들은 그가 무엇 때문에 아픈지 원인을 찾아낼 수 없었습니다. 마침내 그는 병원 치료비마저도 지불할 수 없는 처지가 되어 한 자선단체가 운영하는 병원에서 누워서 죽어가고 있었습니다. 그는 그의 많은 재산을 다 잃어버리고 자선의 대상이 되고 말았습니다.

어떤 사람이 그에게 이렇게 물어 보았습니다. "당신은 하나님께서 이 병을 보내셨다고 생각하십니까?" 아닙니다! 절대로 그렇게 생각하지 않습니다! 하나님께서 그에게 그런 병을 주신 것이 아니라 당신이 하나님과 그분의 말씀에 불순종할 때 당신은 마귀에게 당신을 공격할 수 있는 영토를 공급하게 되는 것입니다.

그 사역자는 고향으로 돌아가서 그의 마지막 날들을 텍사스에 있는 그의 어머니의 농장에서 보낼 수 있도록 자기를 기차에 태워달라고 그의 형제들에게 부탁했습니다. 그의 형제는 기차표를 사주기 위해서 돈을 빌렸어야 했지만 그는 사역자인 자신의 형제를 텍사스로 보내어 그곳에서 죽게 한 것이었습니다.

의사는 그가 텍사스에 가기 전에 죽을 것이라고 말했지만 그는 죽지 않았습니다! 앰뷸런스 한 대가 그를 그의 어머니의 농장으로 데리고 가려고 기차역에서 기다리고 있었습니다.

그 사역자는 그때 80대가 된 그의 어머니를 뵙고 기뻐했습니다. 다른 사람이 그 농장을 경작하고 있었는데 19세의 한 소년이 일상적인 심부름을 하며 어머니를 도와주며 살고 있었습니다. 이 소년이 이 사역자의 간호사 역할을 하였는데 사역자는 너무나 약해져서 침대에서 자신의 몸도 돌려 누울 수 없었습니다.

어느 날 19세의 소년이 그 사역자에게 이렇게 말했습니다. "목사님, 왜 목사님께서는 주님께서 목사님을 치료하시도록 하지 않으시지요?" "나를 치료하다니 그게 무슨 뜻인가?" 그 사역자가 물었습니다. 소년이 대답하기를 "성경이 이렇게 말씀하고 있어요. '너희 중에 병든 자가 있느냐? 그는 교회의 장로

들을 청할 것이요, 장로들은 주의 이름으로 그에게 기름을 붓고 그를 위하여 기도할지니라. 믿음의 기도는 병든 자들을 구원하리니 주께서 그를 일으키시리라. 그가 죄들을 범했어도 그것들을 용서해 주시리라(약 5:14-15)'"

대학을 마치고 신학대학원에서 공부했던 이 세계적으로 유명한 사역자는 이렇게 물었습니다. "그런 말이 정말 성경에 있니? 내 성경을 가져다가 내게 그 구절을 찾아서 보여주렴." "나는 읽지를 못합니다." 그 소년이 대답했습니다. "그런데 자네는 그 말씀이 성경에 있다는 것을 어떻게 알았지?" 그 사역자가 질문을 했습니다. "나의 목사님께서 설교하시는 것을 들었기 때문입니다." "너의 목사님은 그 구절을 가지고 설교를 하셨니? 너의 목사님은 사람들에게 기름을 바르고 그들이 병 고침을 받도록 기도하셨니?" "네" "그러면 나를 네 목사님께 데려다 다오." 그 사역자가 말했습니다.

몇몇 남자들이 그 사역자를 위해 침대를 만들어서 낡은 포드 Ford 차 뒤에 그를 실었습니다. 그들은 시골길을 차로 운전하여 그 소년의 목사님이 설교를 하고 있는 한 숲 속의 집회에 그를 데리고 갔습니다. (숲 속의 집회란 것은 기둥은 네게 세우고 작은 줄을 친 다음 그 위에 햇볕을 가릴 수 있도록 나무나 줄로 덮은 곳에서 하는 집회를 말합니다!)

그 사역자는 이렇게 말했습니다. "나는 이 목사님이 설교하는 것을 들을 수 있었습니다. 설교를 마친 후 그는 내가 있는 차로 오더니 나를 기름으로 바르더니 기도했습니다. 그 목사님이 기도를 마치자 나는 이렇게 말했습니다. '바로 이것입니다. 하나님께 영광을 돌립니다! 나는 다 나았습니다.'"

그 집회를 마치고 집으로 오려고 할 때는 자정이었습니다. 그들이 그 사역자를 집으로 모셔다 놓은 다음에 그는 그의 어머니에게 이렇게 말했습니다. "어머니, 비스킷 몇 개와 좋은 그레이비와 햄을 좀 만들어주세요. 무엇인가 먹고 싶습니다."

그의 어머니가 대답했습니다. "아들아, 너는 2년 동안이나 단단한 음식을 먹어본 적이 없잖니. 너는 이렇게 많은 식사를 할 수 없단다" "아니에요. 먹을 수 있습니다. 하나님께서 나를 고치셨습니다." "그런데 네 기분은 좀 어떠냐?" 그녀가 물어보았습니다. "성경은 내가 건강하다고 말씀하고 있습니다. 말씀에 의하면 나는 병 고침을 받았습니다."

그 순간부터 그 사역자는 완전히 병 고침을 받았습니다. 그는 다시 힘을 얻기 시작하였고 그의 병 고침 받은 것에 관해서 여러 가지 잡지에 글을 쓰기 시작했습니다. 그러자 그를 초청하는 집회 요청이 시작되었습니다.

그가 어떤 도시에서 시 전체적인 집회에서 말씀을 전하기 위해 떠나려고 하기 직전에 그를 도와주었던 그 19세 소년이 그에게 말했습니다. "목사님, 가시기 전에 목사님은 하나님께서 목사님에게 성령으로 세례를 주실 수 있도록 하셔야 합니다."

2년 전에 그가 값을 지불하지 않으려고 하나님으로부터 도망갔을 때 어떤 일이 일어났었는지 기억하고서 그는 그 소년에게 "그래, 자네 말이 맞아. 나는 하나님께서 나에게 성령으로 세례 주시기까지는 어디에도 가지 않을 작정이네"라고 말했습니다. 감사하게도 그는 성령세례를 받고 방언을 말하게 되었습니다.

이 사역자는 곧 국제적으로 알려진 순복음 설교자가 되었습니다. 그가 하나님과 그분의 말씀에 자신을 순복하고 드렸을 때 하나님께서 역사하셔서 그가 잃어버렸던 것까지 회복시켜 주셨습니다. 나는 이 사역자가 설교하는 것을 들은 적은 없지만 그가 쓴 책은 몇 권 읽었는데 아주 놀라웠습니다.

그를 알던 사람들이 내게 한 말에 의하면 그가 주님이 계신 천국의 집으로 돌아갈 시간이 가까워오자 그는 자리에 앉아서 '낮게 흔들어라, 달콤한 마차야'를 부르며 천국 본향으로 돌아갔다고 합니다. 하나님께 영광을 돌립시다!

주님의 길은 항상 최고입니다! 주님의 길은 인생의 가장 큰 시험과 시련 가운데도 승리와 보호와 축복을 줍니다. 하나님과 그분의 말씀에 순종하는 것은 값을 치르는 것이 아니라 유익을 주는 것입니다! 당신의 삶을 위한 하나님의 계획과 하나님의 말씀에 순종하면 많은 배당금을 맡게 될 것입니다.

하나님의 말씀이 하나님의 뜻입니다

내가 앞서 말한 것처럼 어떤 그리스도인들은 하나님께서 그들이 행하기를 바라시는 것에 대해서 하나님으로부터 구체적인 지침을 받으려고 하는데 너무 매여 있어서 자신들이 말씀을 행하는 사람이 되어야 한다는 것을 잊어버립니다. 예를 들면 성경은 용서하는 것에 관해서 많은 말씀을 하고 있지만 어떤 이유 때문인지 많은 신자들이 성경이 가르치는 대로 용서를 실천하지 않고 삽니다.

용서라는 주제는 이중적인 적용이 요구됩니다. 다른 말로 하면 다른 사람들이 잘못했을 때는 당신이 그 사람들을 용서해 주어야 하지만 당신의 삶의 어떤 분야에 있어서 당신이 잘못을 했을 경우에는 당신은 자신을 또한 용서해 주어야 합니다. 만일 당신이 이 교훈을 배우지 못하게 되면 당신은 당신의 남은 평생 동안 하나님을 위하여 살아가는 것과 주님과 동행하는데 있어서 절름발이요, 장애인이 될 것입니다.

요한일서 1장 9절은 이렇게 말씀하고 있습니다. "우리가 우리 죄들을 자백하면 그는 신실하시고 의로우셔서 우리 죄들을 용서하시며, 모든 불의에서 우리를 깨끗하게 하시느니라"

만일 당신이 회개하고 하나님께 당신의 죄를 고백했다면 성경은 하나님께서는 미쁘시고 의로우시므로 당신을 용서해주시고 당신을 모든 불의로부터 깨끗하게 해주신다고 말씀하고 있습니다. 또한 하나님께서는 당신이 어떤 잘못을 했다는 것도 기억하지 않으실 것입니다(사 43:25).

"내가 그들의 불의에 대하여 자비를 베풀며 그들의 죄들과 불법들을 다시는 기억하지 아니할 것이라"고 하셨느니라.
히 8:12

하나님께서 당신의 죄를 기억하지 않으시는데 왜 당신이 그 죄를 기억해야 합니까? 하나님은 죄를 잊어버리셨는데 당신이 하나님께 당신의 죄를 기억나게 하는 것은 못난 짓입니다.

나 곧 나는 나 자신을 위하여 네 허물들을 없애는 이니, 네 죄들을 기억하지 아니하리라. 나를 기억하라. 함께 변론하여 네가 정당하다는 것을 주장하라.   사 43:25-26

26절에서 "나를 기억하게 하라…"라고 한 것을 주의해보십시오. 다른 말로하면 하나님의 말씀에 하나님께서 말씀하신 것을 하나님께 상기시켜 드리라는 것입니다. 물론 당신은 하나님께 기억나게 할 필요가 있습니다. 왜냐하면 하나님께서는 우리에게 하나님이 기억하시도록 하라고 명령하셨기 때문입니다. 그러나 당신은 당신 자신에게도 기억하도록 할 필요가 있습니다. 만일 당신이 죄를 용서함 받은 것에 관한 하나님의 말씀을 스스로 기억하도록 하지 않는다면 당신은 당신의 과거를 생각나게 하면서 당신으로 하여금 과거의 잘못을 실태에 묶어두려고 하는 마귀의 정죄의 밥이 쉽게 될 수 있습니다.

과거를 잊어버리십시오 — 하나님은 당신이 성공하기를 원하십니다

당신이 당신의 죄를 하나님께 고백하고 용서를 받아도 마귀는 당신의 과거를 한 장의 사진처럼 변함없이 떠올리게 할 것입니다. 그러나 결국은 그것이 전부입니다. 한 장의 사진일 뿐입니다. 왜냐하면 당신이 죄를 하나님께 한번 고백했다면 그 죄는 더 이상 존재하지 않는 것입니다. 성경은 이렇게 말씀하고 있습니다.

> 나 곧 나는 나 자신을 위하여 네 허물들을 없애는 이니, 네 죄들을 기억하지 아니하리라.　　　　　　　　사 43:25

'나를 위하여'라고 한 것을 주의해 보십시오. 하나님께서는 당신을 위해서 당신의 죄를 도말하고 기억하지 않겠다고 말씀하지 않았습니다. 내 말을 오해하지는 마십시오. 당신은 하나님이 용서하신 유익을 거두게 될 것입니다. 그러나 하나님은 "내가 너의 죄를 도말하고 나를 위하여 너의 죄를 기억하지 않을 것이다"라고 말씀하셨습니다. 하나님은 당신을 축복하고 도와주고 당신을 위해 그분의 위대한 사랑과 자비를 보여주기 위해서 하나님 자신을 위해서 당신의 죄를 기억하지 않으실 것입니다.

> 형제들아, 나는 내가 붙잡은 것으로 여기지 아니하노라. 다만 한 가지 일, 즉 뒤에 있는 것은 잊어버리고 앞에 있는 것들에 손을 뻗쳐 그리스도 예수 안에서 하나님의 고귀한 부르심의 상을 위하여 그 푯대를 향해 좇아갈 뿐이라.　　　빌 3:13-14

사도 바울은 이 편지를 빌립보 교회로 써 보냈습니다. 물론 이 구절들은 모든 신자들에게 적용되지만, 바울은 자기 자신에 관해서 말하고 있었습니다.

어떤 신자든지 하나님과 함께 동행 하며 사역에 있어서 또는 하나님께서 하라고 부르신 어떤 일이든 완전히 그의 모든 잠재력을 다 발휘하기 전에, 그는 과거 특히 자신의 과거의 실수에 대해서는 반드시 잊어 버려야만 합니다. 바울이 디모데에게 편지를 보내면서 자신에 관해서 말한 또 다른 것을 주의해보십시오.

나는 내게 능력 주신 그리스도 예수 우리 주께 감사하노니, 이는 그분께서 나를 신실하게 여기셔서 내게 직분을 맡기심이라. 전에는 내가 하나님을 모독하는 자요, 박해하는 자요, 중상하는 자였으나 오히려 자비를 입은 것은 내가 믿지 아니하였을 때 모르고 행하였음이라. 우리 주의 은혜가 그리스도 예수 안에 있는 믿음과 사랑과 더불어 넘치도록 풍성하였도다. 그리스도 예수께서 죄인들을 구원하시려고 세상에 오셨다는 이 말씀은 신실하며, 온전히 받아들이기에 합당하도다. 죄인들 중에서 내가 우두머리라. 그러나 내가 자비를 입은 것은 이 때문이니 곧 먼저 내 안에서 예수 그리스도께서 먼저 온전한 오래 참으심을 보여 주셔서 후에 그를 믿고 영생을 얻는 자들에게 본이 되게 하려 하심이니라.   딤전 1:12-16

이제 누가가 사도행전에 다소의 사울, 즉 바울에 관해서 영감을 받아 기록한 것을 읽어봅시다.

그를 성읍 밖으로 끌어내어 돌로 치고, 증인들은 겉옷을 벗어 사울이라고 하는 한 젊은이의 발 앞에 놓더라.　　행 7:58

사울은 그의 죽임에 찬동하더라. 그때에 예루살렘에 있는 교회에 큰 박해가 가해졌으니, 사도들을 제외한 모든 사람이 유대와 사마리아 전 지역으로 흩어지더라.　　행 8:1

한편 사울은 여전히 주의 제자들에 대하여 위협과 살기를 내뿜으며 대제사장에게 가서 다마스쿠스의 여러 회당에 보낼 서신을 청하니, 이는 그가 이 도에 속한 자를 보면 남자든지 여자든지 잡아서 예루살렘으로 데려오려 함이더라.　　행 9:1-2

하나님께 감사합시다. 하나님의 자비가 바울에게 미쳤습니다. 바울은 거듭나게 되었으며, 그리스도 안에서 새로운 피조물이 되었습니다. 고린도후서 5장 17절은 이렇게 말씀하고 있습니다. "그런즉 누구든지 그리스도안에 있으면 새로운 피조물이라. 이전 것은 지나갔으니 보라 새것이 되었도다."

이것이 바로 바울이 빌립보서 3장 13절에서 말하고 있는 것입니다. "뒤에 있는 것은 잊어버리고 앞에 있는 것을 잡으려고" 새로운 탄생을 통하여 바울은 어떤 과거도 가지고 있지 않았습니다.

그러나 바울도 역시 잊어버리는 법을 배워야 했습니다. 무엇보다도 그가 구원받기 전에 그가 교회에 가져다준 손해는 끔찍했습니다. 성경을 통해 우리는 그가 스데반의 죽음에 동의했다는 것을 알고 있으며, 예수 그리스도의 다른 사도들까지 위협했었음을 알 수 있습니다. 만일 바울이 잊어버리는 것을 배우지 않았더라면, 그는 하나님의 부르심도 결코 이루지 못했을 것이며, 하나님께서 그에게 시키신 사역이나 직분도 감당하지 못했을 것입니다. 우리도 역시 잊어버리는 법을 배우지 못하면, 우리의 삶을 위한 하나님의 계획을 성공적으로 따라갈 수 없을 것입니다.

당신 자신을 용서하십시오

다른 사람을 기꺼이 용서하지 않는 것과 마찬가지로 당신 자신을 기꺼이 용서하지 않는 것도 잘못입니다. 다른 사람과 당신 자신을 용서하지 못하고, 과거의 실수를 잊어버리지 못하는 것은 당신이 하나님으로부터 받는 것을 방해하며 영적으로 성장하는 것을 방해하고, 당신이 하나님이 원하는 사람이 되지 못하도록 방해합니다.

몇 년 전에 텍사스에서 집회를 마치고 난 후에 건물을 막 떠나려고 하는데, 한 부인이 가까이 다가와서 말했습니다. "해긴 형제님, 나를 위해 기도 좀 해주십시오."

"무엇을 위해 기도하기를 원하십니까?" 내가 물었습니다.

"꼭 형제님께 말해야 됩니까?" 그녀가 대답했습니다.

"물론이지요. 자매님이 말하지 않으면 내가 자매님과 합심할 수가 없고, 내가 믿어야 할 것이 무엇인지 모르면서 믿음을 가질 수가 없기 때문입니다."

"그렇다면 말하겠습니다. 그렇지만 나를 비웃지는 마십시오. 네?"

"자매님과 함께 웃을지는 몰라도, 자매님을 비웃지는 않을 것입니다."

그녀가 말했습니다. "나는 지금까지 거듭나서 성령 충만을 받은 지 약 8년이 되었습니다. 나의 남편은 아직도 구원받지 못했습니다."

"구원받기 전에 나는 항상 화를 잘 내는 다혈질이었습니다.

나는 불같은 성미 때문에 모자만 떨어뜨려도 화를 터뜨리곤 하였습니다.

얼마 전에 아주 점잖은 신사인 내 남편이 술에 취한 것처럼 행동을 하면서 집에 들어왔었습니다. 나는 내 남편에 대해 화가 나서 혈기를 부리며 남편을 향해 소리를 질러댔습니다.

그러자 남편도 소리를 질렀습니다. '나는 술 취하지 않았소! 나는 단지 당신을 놀리는 거요. 그냥 술 취한척하고 집에 오면 재미있을 것이란 생각을 했소.' 그의 행동은 나를 더욱 미치게 만들었습니다. 그래서 나는 소리를 지르고 아우성을 치다가 침실로 들어가서 문을 꽝 닫아버렸습니다.

조금 진정이 된 후에 나는 내가 한 말 몇 마디 때문에 너무 부끄럽고 난처해졌습니다. 그래서 나는 무릎을 꿇고 거의 밤새도록 기도했습니다. '사랑하는 하나님, 나를 용서해주십시오.'

다음날 아침 식사테이블에서 나는 남편에게 말했습니다. '여보, 나를 용서해주세요. 나는 거의 밤새도록 기도했었는데 하나님께서는 나를 용서해주시겠다고 그분의 말씀에 말씀한 것을 알고 있지만, 나는 당신도 나를 용서해 주기를 바래요.'

나의 남편은 이렇게 말했습니다. '용서를 구해야 할 사람이 있다면 바로 나요. 내가 당신이 나를 용서해주기를 구해야 합니다.

왜냐하면 내가 이 모든 일을 시작한 사람이니까요. 당신이 아니라 내 탓이에요.'

우리는 각자가 책임을 지기로 하고 서로 용서를 했습니다."

내가 그녀에게 말했습니다. "당신은 내게 아무것도 기도해 달라고 요구하지 않았습니다. 당신은 다른 것만 이야기했습니다. 도대체 무엇에 관해 기도를 해달라는 겁니까?"

"나는 형제님이 기도해서, 하나님께서 내게 어떤 종류의 느낌을 갖도록 해주셔서, 하나님께서 나를 용서해 주신 것을 내가 알게 되기를 바랍니다." 그녀가 말했습니다.

나는 소리 내어 웃기 시작했습니다. 웃음을 참을 수 없었습니다. "자매님, 자매님이 방금 내게 뭐라고 말했는지 아십니까?" 자매님은 자매님이 하나님에 대해 가지고 있는 믿음보다 자매님의 구원받지 못한 남편에 대한 믿음과 신뢰를 더 많이 가지고 있다고 내게 방금 말했습니다! 자매님은 남편에게 용서를 구했고, 그는 자매님을 용서해주었습니다. 그래서 그 문제는 다 해결되었습니다. 그런데 자매님은 하나님을 그분의 말씀대로 믿지 않는군요! 하나님은 말씀하셨습니다. "만일 우리가 우리 죄를 자백하면 그는 미쁘시고 의로우사 우리의 죄를 사하여 주시며 우리를 모든 불의에서 깨끗하게 하시느니라"(요일 1:9).

나는 계속해서 말했습니다. "당신의 남편이 '나는 당신을 용서합니다'라고 말했을 때 당신은 무릎을 꿇고 주님께 '내게 어떤 느낌을 느끼게 해주셔서 내 남편이 나를 용서한 것을 내가 알게 해주세요'라고 하지 않았습니다. 자매님은 남편의 용서를 단지 받아들였을 뿐입니다. 당신은 하나님 말씀보다 구원받지 못한 당신의 남편을 더 신뢰하는군요."

그녀가 말했습니다. "이제 알겠습니다. 하나님께서 나를 용서하셨다는 것을 내가 알 수 있도록 나에게 어떤 느낌을 달라고 하나님께 기도해달라고 부탁한 것이 잘못이었습니다."

그녀가 걸어서 떠나려고 할 때 나는 그녀를 불렀습니다. "이리와 보세요. 자매님의 문제가 무엇인지 알겠습니까?"

"형제님은 아시나요?" 그녀가 내게 물었습니다. "물론 나는 알고 있습니다."

"그러면 말해주십시오."

나는 그녀에게 이렇게 말해 주었습니다. "당신은 자신이 화를 잘 내는 것에 대해서 자신을 기꺼이 용서하려고 하지 않았습니다. 당신은 당신의 남편을 용서해 주었습니다. 그러나 당신은 자신을 용서해주지 않았습니다. 화를 내는 것에 대해서 당신 자신을 용서하십시오. 그리고 이것을 가지고 자신에 대해 정죄하는 것을 그만두십시오. 얼마 안가서 당신은 기분이 좋아질 것입니다. 당신은 하나님께서 당신에게 어떤 느낌을 갖게 해줄 것을 기도할 필요가 없습니다."

한 이삼일이 지난 후에 그녀는 집회에 다시 참석했습니다. 나는 그녀에게 자신을 용서했는지 물어볼 필요가 없었습니다. 그녀의 얼굴이 빛이 나고 있었습니다. 그녀의 얼굴은 어둠 속에서 네온사인을 밝혀놓은 것 같았습니다! 그녀는 자신을 용서하는 법을 배웠기 때문에 싱글벙글 웃음이 가득했습니다.

많은 그리스도인들은 하나님과 하나님의 뜻에 불순종한 것과 과거의 실수에 대해서 자신을 기꺼이 용서하려 하지 않습니다. 어떤 그리스도인들은 그들의 심령에 하나님께서 이루도록 주신 꿈을 포기함으로써 스스로 벌을 주려고 하기까지 합니다. 그러나 내가 자주 이야기하는 대로 문제가 되는 것은 과거에 당신이 어떤 실수를 했느냐가 아니라 그 후에 당신이 어떻게 했는지를 하나님은 중요하게 여기신다는 것입니다.

사도 바울이 한 말을 기억하십시오. "나는 그리스도 예수 안에서 하나님께 위로부터 부르신 그 부르심의 상을 받으려고 목표점을 바라보고 달려가고 있습니다"(빌 3:14). 그러나 당신이 첫발자국을 떼기 전에는, 즉 "뒤에 있는 것을 잊어버리기…"(빌 3:13) 전에는 목표점을 바라보고 앞으로 달려갈 수가 없습니다.

과거에 당신이 어떻게 불순종했는지 관계없이, 하나님은 오늘 당신의 삶을 위한 하나님의 뜻과 그분의 말씀에 당신이 순종하기를 바라십니다. 당신이 기록된 하나님의 거룩한 말씀과 당신의 삶을 위한 하나님의 계획과 목적에 순종함에 따라서 당신은 엄청난 배당금을 받게 될 것입니다. 장기적으로 본다면 하나님께 순종하는 것은, 당신이 값을 치르는 것이 아니라 오히려 항상 득을 보게 되는 것입니다!

07

사랑의 길이 가장 좋은 길입니다

사랑은 결코 시들지 아니하나니…. 사랑은 결코 포기하지 않습니다. 혹은 사랑에는 실패가 없습니다 Love never fails.

고전 13:8 NIV

당신을 위한 하나님의 계획을 성공적으로 따라 살며 이 땅 위에서 하나님의 뜻을 행하며 살기를 원하십니까? 인생에서 확실하게 승리와 성공을 보장하는 길을 따라 가기 원하십니까? 그렇다면 사랑의 길, 즉 하나님의 사랑을 따르십시오.

사도 바울은 사랑에 관하여 말하면서 "이제 내가 너희에게 더 좋은 길을 보여 주리라"고 말했습니다(고전 12:31). 사랑의 길이 가장 좋은 길, 가장 탁월한 길입니다. 왜냐하면 하나님은 사랑이며 사랑은 결코 실패하지 않기 때문입니다.

사랑은 심령으로부터 말미암은 것입니다. 사랑은 새롭게 창조된 영의 열매입니다. 그러므로 사랑은 자라날 수 있습니다. 그러면 어떻게 사람이 하나님의 사랑 안에서 자라고 발전할 수 있을까요?

성경은 이렇게 말씀하고 있습니다. "우리에게 주신 성령에 의하여 하나님의 사랑이 우리 마음속에 부어졌기 때문이라" (롬 5:5) 우리가 거듭났다면 하나님의 사랑은 이미 우리의 심령에 존재하고 있습니다. 그러나 이 사실을 고백하고 이 말씀대로 행동함으로써 우리는 사랑 안에서 자라나는 것입니다.

내 아내와 나는 언젠가 한 번 서부 지역에서 집회를 한 적이 있었는데 그 집회에서 우리는 내가 목회자들을 위한 집회에서 만난 적이 있었던 한 젊은 부부와 다시 만나게 되었습니다. 이들 부부는 두 사람 모두 안수 받은 목사님들이었습니다.

내가 설교를 마치자 그 부부가 우리를 초청하며 나가서 음식을 좀 들자고 했습니다. 이 젊은 목사님의 부인이 식당에 들어서자 내게 이렇게 말했습니다. "해긴 형제님, 형제님께서 나를 혼란스럽게 만드셨습니다."

내가 대답했습니다. "아닙니다. 나는 사모님을 혼란시킨 적이 없는데요. 사모님은 내가 여기 오기 전에 이미 혼돈된 상태에 있었습니다. 하나님의 말씀의 빛이 그것이 드러나게 한 것입니다.

그런데 무엇이 문제입니까?"

그녀는 이렇게 말했습니다. "오늘 말씀하실 때 목사님은 요한일서 3장 15절을 인용하셨습니다. '자기 형제자매를 미워하는 사람은 누구나 살인하는 사람입니다. 살인하는 사람은 누구나 그 속에 영원한 생명이 머물러 있지 않다는 것을 여러분은 압니다.'"

"네, 맞습니다. 내가 그렇게 말했습니다." 내가 대답했습니다.

말씀을 전하다 보면 성령님께서 당신이 말하려고 하지도 않았던 것을 말하게 하시는 경우를 자주 경험하게 됩니다. 그런 말들은 성령의 감동으로 당신의 영으로부터 그냥 나와 버립니다. 예를 들면, 내가 요한일서 3장 15절을 인용했을 때 나는 이렇게 말했습니다. "성경은 자기 형제를 미워하는 사람, 즉 이 말은 시어머니를 미워하는 사람도 역시 살인자라고 말씀하고 있습니다."

"나는 시어머니가 정말 싫습니다." 그녀가 대답했습니다.

나는 이분이 자기 시어머니를 실제로 그렇게 미워하지는 않는다는 것을 알고 있었습니다. 하나님의 사랑이 그녀를 지배하도록 하는 대신에 그녀는 자신의 인간적인 이론과 육신이 자신을 지배하도록 하고 있었습니다. 육신을 따라 사는 것은 언제나 당신을 어려움에 빠지게 할 것입니다.

나는 그녀에게 이렇게 말했습니다. "만일 당신이 시어머니를 미워한다면 당신은 살인자입니다. 그리고 당신 속에는 영원한 생명이 없습니다. 만일 하나님의 생명이 당신 안에 있다면 하나님의 본성이 당신 안에 있을 것이며, 하나님의 본성은 사랑입니다. 그러므로 하나님의 사랑이 당신 안에 있을 것입니다."

"그렇다면 나는 어떻게 해야 되나요?" 그녀가 절박하게 물었습니다.

내가 대답했습니다. "자매님, 내 눈을 똑바로 쳐다보고 나를 따라해 보세요. '나는 나의 시어머니를 미워합니다.' 이와 동시에 당신의 심령 즉 당신의 영에 어떤 일이 일어나는지 보십시오."

그래서 그녀는 이렇게 말했습니다. "나는 나의 시어머니를 미워합니다."

"자매님이 이렇게 말했을 때, 당신 자신의 영에 어떤 일이 일어났습니까?"

"내 속 깊은 곳에 꺼림칙한 것이 있었습니다." 그녀가 대답했습니다.

"물론 그렇겠지요." 내가 말했습니다. "그것이 바로 하나님의 사랑입니다. 그 사랑이 당신을 거북하게 하는 것입니다. 그 사랑이 당신의 주의를 끌려고 하고 있는 것입니다. 그러나 당신은 그 사랑에 자신을 양보하고 내어드리는 대신에, 당신 자신의 마음이 멋대로 활동하도록 내버려 두어서 당신의 육신이 당신을 다스리도록 허락하고 있는 것입니다."

"그럼 나는 어떻게 해야 되지요?" 이때쯤 그녀는 정말 갈급했습니다.

"시어머니를 사랑하는 것처럼 행동하십시오. 왜냐하면 자매님은 시어머니를 사랑하고 있기 때문입니다."

우리는 너무나 육신을 따라 살기 때문에 참 많은 경우에 우리가 실제로 영적 존재라는 사실을 잊어버리고 있습니다. 우리는 육체적 존재가 아니며 혼적인 존재도 아닙니다. 우리는 영이며, 혼을 가지고 있고, 몸 안에 살고 있습니다.

당신은 영적 존재이기 때문에, 만일 당신이 자신을 영적인 존재로 생각한다면 당신은 좀 더 영적인 것들을 의식하게 되고, 하나님에 관계된 것들이 당신에게 좀 더 실질적으로 느껴질 것입니다(살전 5:23). 실제로 당신이 큰 소리로 "나는 영이다, 혼을 가지고 있고, 몸 안에 살고 있다"고 말하는 것이 도움이 됩니다.

성경은 "하나님께서 우리에게 주신 성령을 통하여 그의 사랑을 우리 마음속에 부어주셨다"고 말씀하고 있습니다(롬 5:5). 하나님의 사랑은 우리의 심령, 즉 우리의 영에 부어져 있습니다. 우리의 혼이나 몸에 부어져 있는 것이 아닙니다.

사랑을 따라 행하는 것과 병 고침 받는 것과의 관계

그녀는 마지막 집회가 끝난 후에 간단한 다과를 대접하기 위해 아내와 나를 자기 집으로 초청하였습니다. 그녀는 자기 시어머니도 함께 초청하였습니다.

그날 밤 그 집에서 그녀는 우리를 한 쪽으로 데리고 가더니 이렇게 말했습니다. "목사님이 옳았습니다. 나는 내 시어머니를 미워하지 않습니다. 우리 시댁 식구들은 참으로 좋은 분들입니다. 그들은 모두 그리스도인들이고 하나님을 사랑하는 사람들입니다. 하나님의 사랑이 내 안에 항상 있었다는 것을 나는 이제 깨달았습니다. 단지 그 사랑이 나를 다스리도록 내가 허락하지 않았을 뿐입니다."

이 젊은 부부에게는 세 자녀가 있었습니다. 막내는 서너 살쯤 된 딸이었습니다.

처음 2년 동안 이 딸은 몸이 아주 건강했습니다. 그런데 그 애가 발작을 일으키기 시작했습니다. 부모들은 세계적으로 그 방면의 유명한 전문의에게 아이를 데리고 가보았습니다. 이 방면에 최고의 의사 중 한 사람이 이 어린 딸을 진찰하고 나서 말하기를 이 아이의 경우는 그가 38년 동안 의사로서 일하면서 본 것 중에 가장 나쁜 경우라고 했습니다.

이 아이는 약을 먹어야 했지만 약도 발작을 멈추지는 못했고, 단지 발작의 정도만 좀 수그러들게 할 뿐이었습니다. 부모들은 이 어린 자식의 병을 고치려고 모든 노력을 다 했습니다.

어느 날 밤 집회에 나가려고 준비를 하고 있는데, 이 부인이 전화를 해서는 자기 집에 와서 그 어린 딸을 위해 기도를 해 달라고 부탁을 했습니다. 그 아이는 간질로 인한 발작을 일으키기 직전의 단계에 있었습니다.

대개의 경우 우리는 요청한다고 모두 다 심방을 하지는 않았습니다. 왜냐하면 우리가 그렇게 한다면 우리는 모든 사람을 다 심방해야 하고 그렇게 되면 우리는 사람들을 위해 기도하는 것 외에는 다른 아무것도 할 시간이 없게 될 것이기 때문입니다. 그러나 하나님께서 우리에게 가라고 말씀하시면 우리는 하나님께 순종하여 심방을 합니다. 그날 밤 주님께서 가라고 하셔서 우리는 교회로 가는 길에 그 가정을 방문했습니다.

운전을 해서 가는 동안에 주님은 내게 말씀하셨습니다. 마치 내 차 뒷좌석에 누가 앉아서 말을 하는 것과 똑같이 사실적이었습니다. 내 아내는 듣지 못한 것으로 봐서, 그 음성은 귀에 들리는 음성이 아니었습니다.

주님께서는 이렇게 말씀하셨습니다. "그 아이를 위해 기도하지 마라. 그 아이에게 기름도 바르지 마라. 그 아이에게 손도 없지 마라. 거기 도착하거든 그 엄마에게 이렇게 말해라. '옛 언약 아래에서 나는 나의 백성이 내 명령을 지키고 내 법대로 행하면 그들 가운데서 질병을 제해 버리고 그들의 날 수를 채우도록 해 주겠다고 말했었다'"

신약의 언어로 풀어서 쓴다면 예수님은 요한복음 13장 34절에서 이렇게 말씀하셨습니다. "내가 너희에게 새 계명을 준다. 서로 사랑하여라. 내가 너희를 사랑한 것과 같이 너희도 서로 사랑하여라."

주님은 계속 말씀하셨습니다. "이제 그녀에게 이렇게 말해 주어라. 그녀가 내 사랑의 계명을 행하면 내가 그녀 가운데서 병을 없애버리고 그녀의 날 수를 채워줄 것이다. 그녀에게 말해 주어라. '자매님이 사탄에게 이렇게 말하십시오. 사탄아, 나는 사랑 가운데 행한다. 내 아이에게서 손을 뗄지어다!'"

그 집에 도착하자마자 나는 주님께서 내게 명한 그대로 말했습니다. 내 말이 입에서 나오기가 무섭게 그녀는 어린 아이를 향해 이렇게 말했습니다. "사탄아, 나는 사랑 가운데 행하고 있다. 내 아이에게서 손을 뗄지어다."

나와 내 아내는 손가락을 한 번 튕기는 정도로 순식간에 그 아이의 발작이 즉시 멈춘 것을 본 증인입니다. 그 아이의 어머니가 이 말을 한 바로 그 순간 경련이 멈추어 버렸습니다.

5년이 지난 후 그 아이가 여덟 살이 되었을 때에도 그 아이는 여전히 건강했습니다. 그 아이는 예쁘고 행복하고 생명으로 충만해 있었으며 다시는 발작을 일으키지 않았습니다. 그 엄마는 지난 5년 동안에 단 두 번 약간의 증상만 나타났을 뿐이었다고 말했습니다. "그래서 어떻게 하셨지요?"라고 내가 물어보았습니다. "나는 '오, 안돼, 그럴 수 없어. 사탄아, 나는 사랑 가운데 행하고 있단 말이야' 하고 말했어요."

어떤 사람들은 이렇게 말합니다. "맞습니다. 그 여자에게는 역사했지만 나는 사랑으로 행하고 있지 않습니다." 그녀도 사랑 가운데 행하지 않았었지만, 회개하고 사랑 가운데 행하기 시작했던 것입니다.

만일 당신이 사랑 가운데 행하지 않게 되면, 할 수 있는 한 빨리 사랑 가운데 행하는 상태로 복귀하십시오. 사랑으로 행하지 않는 한 걸음 한 걸음이 죄입니다. 사랑 밖에서 걷는 모든 걸음은 잘못된 길로 가는 것입니다. 사랑 가운데 행하지 못하는 것은 당신의 삶을 위한 하나님의 계획을 따르는 것을 방해합니다.

나는 55년 전에 텍사스 주의 매컨리에서 병 고침을 받았습니다. 그때 나는 할머니의 감리 교도를 위한 성경을 읽던 침례교 소년이었습니다. 나는 두 가지의 장기에 심각한 질병으로 침대에 누워 죽어 가다가 고침을 받았습니다. 기형심장으로 인해 나의 몸은 거의 완전히 마비되었으며, 게다가 나는 불치의 혈액병을 앓고 있었습니다.

실제로 나를 치료했던 다섯 번째 의사였던 로빈슨 박사는 이렇게 말했습니다. "애야. 네게 솔직히 말해주겠는데, 설사 기형 심장과 전신마비로 네가 아프지 않더라도 이 불치의 혈액병만으로도 너는 치명적이란다."

나는 병 고침을 받은 후부터 지금까지 믿음과 병 고침 받는 것에 관해서 하나님의 말씀을 계속 연구해 왔습니다. 물론 성경은 믿음은 사랑으로써 역사한다고 했기 때문에, 사랑을 연구하지 않고서는 믿음과 병 고침을 연구할 수 없습니다. 나는 내 심령에 어떤 사람에 대해서도 조금의 적대감이나 악의를 결코 허락하지 않는 것을 항상 실천하여 왔습니다.

나는 5년 혹은 7년이 지나도록 단 한 번도 몸이 불편한 적이 없었기에, 나는 내가 몸을 가지고 있다는 것도 모를 정도였습니다. 질병의 공격을 받았던 유일한 때는 내가 어리석게 행동해서 내 몸을 돌보지 않고 사랑 가운데 행하지 않았을 때였습니다.

당신의 몸은 아직도 죽을 수밖에 없는 것이므로 잘 돌보아 주어야 합니다. 당신이 몸을 잘 돌보지 않으면, 당신은 질병이 공격할 자리를 내어주는 것이 됩니다. 예를 들자면 나의 아내가 이렇게 말한 적이 있었습니다. "여보, 당신 외투를 입으셔야 해요. 당신은 설교 할 때는 항상 몸이 뜨거워지기 때문에, 설교마치고 몸이 더운 상태에서 차가운 공기를 쐬는 것은 좋지 않아요."

가끔 나는 아내의 말을 듣지 않았고, 열을 내며 설교를 마친 다음 추운 날씨에 밖으로 나가면 목이 칼칼해지고 아파지곤 했습니다.

그런 경우에 나는 병 고침을 받을 수 있기 전에 먼저 나의 어리석음을 회개했어야 했습니다. 그렇지만 지난 55년 동안 내가 하나님을 따르지 않고 사랑 가운데 행하지 않을 때보다 더 심각하게 잘못되었던 적은 없었습니다.

하나님을 향해 사랑 가운데 행하기

사랑 가운데 행하지 않게 하는 경우는 한 가지 경우만 있는 것이 아닙니다. 우리는 서로 사랑 가운데 행해야 할 뿐 아니라 하나님도 사랑해야 합니다. 이 말은 우리가 하나님을 최우선으로 모셔야 한다는 뜻입니다.

불순종하면 당신은 하나님께 대해서 사랑 가운데 행하고 있지 않는 것입니다. 성경은 이렇게 말하고 있습니다. "네 마음을 다하고 네 목숨을 다하고 네 뜻을 다하여, 주 너의 하나님을 사랑하여라"(마 22:37).

나는 자신의 삶을 위한 하나님의 계획에 불순종함으로써 하나님을 향해 사랑 가운데 행하지 않게 되는 경우가 종종 있었습니다. 만일 당신이 하나님께 순종하지 않거나, 사랑 가운데 행하지 않고 있다면, 당신은 당신의 삶을 위한 하나님의 뜻을 따르고 있지 않는 것입니다.

나는 불순종하게 되면 최대한 빨리 사랑 가운데 행하도록 되돌아갑니다. 당신이 불순종하고 있으면 당신이 그것을 알고 있습니다. 당신이 지금 불순종하고 있다면 지체 말고 회개하십시오. 빨리 회개하고 사랑으로 돌아가십시오. 사랑의 길은 하나님의 길이기 때문에 사랑의 길이 가장 좋은 길입니다.

하나님이 주시는 완전한 건강 가운데 사는 것이 가능하다는 것을 나는 알고 있습니다. 나는 55년이 넘는 세월을 이런 건강을 누리며 살아왔습니다. 하나님이 주시는 완전한 건강은 하나님의 자녀들을 위한 하나님의 뜻입니다.

"어떻게 그렇게 건강할 수 있습니까?" 누군가 묻습니다. 나는 사랑으로 살아갑니다. 나는 나를 자랑하는 것이 아니라 예수님을 자랑하고 있는 것입니다. 나는 말씀을 자랑하고 있는 것입니다. 만일 당신이 아직 하나님이 주시는 완전한 건강 가운데 살고 있지 않다면, 나는 당신도 이렇게 살 수 있게 되기를 바랍니다. 하나님은 사람을 차별하지 않으십니다. 하나님은 당신보다 나를 더 사랑하시는 분이 아닙니다. 하나님은 그분의 말씀에 헌신된 사람은 누구나 사랑하십니다.

예수님께서 말씀하셨습니다. "너희가 나를 사랑하면 내 계명을 지켜라"(요 14:15).

만일 당신이 하나님의 말씀을 믿고 행하기로 작정하였다면, 당신은 하나님에 대해서 뿐만 아니라 사람에 대해서도 사랑하며 살게 될 것입니다. 그리고 당신은 율법을 이루고 있을 것입니다.

> 서로 사랑하는 것 외에는 아무에게도 어떤 빚도 지지 말라. 다른 사람을 사랑하는 사람은 율법을 이룬 것이니라. 롬 13:8

많은 사람들이 이 구절을 그 문맥에서 떼어서 우리가 신용카드로는 어떤 것도 구매해서는 안 된다고 말하려고 합니다. 그러나 이 구절이 말하고 있는 것은 그것이 아닙니다. 만일 당신이 어떤 것을 신용카드로 구매한다면 지불약정일이 되기까지는 당신은 빚을 진 것이 아닙니다. 뿐만 아니라 물건 값을 지불하게 되면 여전히 당신은 빚을 지고 있는 것이 아닙니다. 당신이 지불 기한이 되어도 돈을 지불하지 않을 경우에 당신은 빚을 지게 되는 것입니다.

당신이 이 구절을 잘 연구해 본다면, 당신이 다른 사람들에게 사랑의 빚을 지고 있으며, 이 빚은 당신이 결코 다 갚을 수 없다고 말하고 있다는 것을 알게 될 것입니다. 당신은 다른 사람들을 계속 사랑해야 합니다.

사랑은 율법을 이룹니다

"남을 사랑하는 사람은 율법을 다 이룬 것입니다"라고 한 마지막 구절을 보십시오. 다른 말로하면 당신이 사랑하며 산다면 당신은 당신을 위한 하나님의 뜻 가운데 살고 있는 것입니다. 그렇게 되면 당신을 위한 하나님의 계획과 목적을 따르기가 쉬워지게 될 것입니다.

생각해 보십시오. 옛 언약 아래에서도 하나님의 백성들은 율법을 지켜서 질병이 그들로부터 제하여지고 그들의 날수를 채울 수 있었습니다. 그러나 새 언약 아래에서 사랑하며 사는 사람은 그 율법을 역시 다 이룬 것입니다.

새 언약 아래에서 내가 율법을 이룰 수 있다면, 나는 그들이 옛 언약 아래서 누렸던 것과 똑같은 결과, 즉 병 고침과 하나님이 주시는 완전한 건강을 얻어야 마땅합니다.

그것은 "너는 간음하지 말지니라, 너는 살인하지 말지니라, 너는 도둑질하지 말지니라, 너는 거짓 증거하지말지니라, 너는 탐내지 말지니라" 한 것과 그 외에 다른 계명이 있을지라도 "너는 네 이웃을 네 자신과 같이 사랑하라"는 말씀 가운데 다 들어 있음이니라. 사랑은 자기 이웃에게 악을 행치 아니하느니라. 그러므로 사랑은 율법의 완성이니라.

롬 13:9-10

옛 언약은 십계명을 가지고 있습니다. 새 언약은 하나의 계명을 가지고 있을 뿐입니다. 어떤 사람이 내게 물었습니다. "당신은 우리가 십계명을 지키지 않아도 된다는 말입니까?" 물론 아닙니다. 당신이 사랑하며 살고 있다면 당신은 어떤 계명도 어기지 않을 것입니다.

이것이 바울이 로마서 13장에서 말한 것입니다.

당신이 사람을 사랑하며 살아간다면, 당신은 그를 죽이지 않을 것입니다. 당신이 그 사람을 사랑한다면 당신은 그에게 거짓

말을 하지 않을 것입니다. 실제로 성경은 "사랑은 모든 죄를 덮는다"(잠 10:12)고 말씀하고 있습니다. 만일 어떤 사람이 잘못하는 것을 당신이 보게 되면, 당신은 그 사실을 폭로하고 그를 당황하게 하려고 다른 사람들에게 말해서는 안 됩니다. 당신은 그를 위해 기도하고 도와주어야 합니다. 왜냐하면 사랑은 허다한 죄를 덮기 때문입니다.

당신이 사랑하며 산다면, 죄를 짓지 않도록 하기 위해, 주어진 계명 중에 어느 것도 범하지 않을 것입니다. 그러므로 사랑은 당신이 관심을 가져야 할 유일한 계명입니다. 사랑은 율법의 완성입니다.

그래서 나는 내가 잘못하여 사랑으로 살지 않게 되면 가능한 한 빨리 사랑하며 사는 삶으로 달려서 되돌아온다고 말한 것입니다. 왜냐하면 사랑하며 삶으로써 나는 율법을 완성하고 있기 때문입니다. 율법을 이루는 사람들에게 하나님은 이렇게 말씀하셨습니다. "내가 너희 가운데서 병을 제하여 버리고 너희 날 수를 채워주겠다."

내가 항상 갑절로 조심하려고 하는 한 가지가 바로 내가 사랑하며 사는 것입니다. 내가 말한 것처럼 나는 누구에게도 최소한의 적대감이나 악의나 나쁜 감정이 내 심령에 있도록 결코 허락하지 않습니다. 나는 다른 사람에 대한 부정적인 감정이 일분도 나를 건드리지 못하게 합니다. 나는 나의 삶을 위한 하나님의 완전한 계획을 따라 그분의 최고의 축복을 경험하기 원합니다. 이것은 내가 사랑하며 살지 않으면 불가능한 것입니다

한 번은 복음 전도자를 위해 집회를 열었는데, 그가 내게 잘못했다는 것에 대해서는 조금도 의심이 없었습니다. 그가 한 짓에 대해서는 덕이 되지 않기 때문에 말하지 않겠습니다.

마귀가 내 마음에 이렇게 말했습니다. "내가 너라면 그런 사람을 위해 헌금을 또 걷지는 않겠어."

매일 밤 집회를 가질 때마다 화요일, 금요일, 주일 밤에는 복음 전하는 사람이나 초청강사를 위해 헌금을 하는 것이 우리 교회의 관습이었습니다. 다른 저녁에는 집회를 위한 다른 비용을 충당하기 위해서 헌금을 했습니다.

마귀가 내 마음에 이 말을 했을 때(나는 이 말이 마귀의 말인 줄을 알았습니다. 왜냐하면 그것은 사랑이 아니었고, 그러므로 그 말은 하나님께서 내게 하시는 말일 수가 없었습니다.) 나는 이렇게 말했습니다. "마귀 이놈아, 네가 그런 소리를 하기 때문에 나는 그를 위해 매일 밤 헌금을 할 것이다."

성경은 이렇게 말하고 있습니다. "너희 원수들을 사랑하고, 너희를 저주하는 자를 축복하며, 너희를 미워하는 자들에게 잘해주고, 너희를 천대하고 박해하는 자들을 위하여 기도하라"

(마 5:44 KJB). 다른 성경구절은 우리가 악을 선으로 갚아야 한다고 말씀하고 있습니다(살전 5:15).

그래서 나는 비록 그가 나에게 잘못했음에도 불구하고 이 복음 전도자를 위해서 매일 밤 헌금을 걷었습니다.

나는 마귀에게 이렇게 말했습니다. "네가 그에 대해 또 어떤 말이라도 하면 나는 그를 위해 매일 밤 두 번 헌금을 걷을 것이다."

마귀는 더 이상 아무 말도 하지 않았습니다. 마귀는 어떤 목사도 하룻저녁에 두 번 씩이나 헌금을 받게 되는 것을 원하지 않습니다! 마귀는 하룻저녁에 한 번 헌금을 해 주는 것만으로도 화가 잔뜩 났던 것입니다.

그 당시에 나의 교회는 이 복음 전하는 자가 보통 설교하러 다니던 교회보다 작은 교회였습니다. 그래서 나는 그에게 한 번 집회에서 설교를 하면 평균 얼마 정도의 헌금을 받느냐고 물었습니다. 나는 그가 받는 사례비의 세배를 그에게 주었는데 그 중에 3분의 1은 내 주머니에서 내가 한 헌금이었습니다. 이것이 사랑하며 사는 것이며, 성경은 이렇게 하라고 말씀하고 있습니다.

당신도 건강하고 넉넉하게 축복받아 살면서 당신의 삶을 위한 하나님의 계획을 성공적으로 따를 수 있기를 바라십니까?

그렇다면 성경 말씀이 하라고 말하는 것을 행하면서 사랑하며 사십시오.

모든 율법은 "네 이웃을 네 몸과 같이 사랑 하여라"(갈 5:14) 하신 한 마디 말씀 속에 다 들어 있습니다.

성경이 다루는 어떤 주제든지 조심하지 않으면 당신은 도로의 중앙으로 가지 않고 도로의 한 쪽이나 다른 쪽 도랑에 빠지듯 한쪽으로 치우칠 수 있습니다. 예를 들자면, 어떤 사람들은 도로 한쪽 도랑에 빠져서 이렇게 말합니다. "글쎄요, 우리도 사랑하며 살려고 합니다." 그러나 이런 사람들은 어떤 것에도 확실한 입장을 취하지 않습니다.

어떤 것에 대해 확실한 입장을 취하지 않은 사람은 다른 사람을 도와줄 수 없는 것입니다. 가끔 당신은 그들에게 진실을 사랑 안에서 말해줄 필요가 있습니다. 특히 당신이 목회자라면 그렇게 해야 그들을 가르치고 도와 줄 수 있습니다.

때때로 당신은 그들에게 진리, 즉 성경의 진리를 말해 줄 수 있을 만큼 그들을 사랑해야 합니다. 사랑은 이와 같이 항상 죄에 대해서 용납하고 조용한 것이 아닙니다.

물론 하나님은 사랑입니다. 그러나 내가 말한 것처럼 하나님은 심판하는 면도 있습니다. 그러면 하나님은 사랑의 하나님이 아니란 말입니까? 아닙니다. 하나님은 항상 사랑이십니다.

하나님은 언제나 옳은 것을 행하십니다.

> 너희 가운데 음행이 있다는 것은 다 알려진 바로되, 즉 어떤 자가 자기 아버지의 아내를 취하였다는 것이니 그러한 음행은 이방인들 가운데도 없는 일이라. 그런데도 너희가 통곡하기는커녕 교만해져서 이런 행위를 한 자를 너희 가운데서 쫓아내지 아니 하는 도다. 내가 참으로 몸으로는 떠나 있으나 영으로는 함께 있어서 이런 행위를 한 그 자를 내가 마치 거기에 있는 것처럼 이미 판단하였느니라. 우리 주 예수 그리스도의 이름으로 너희와 나의 영이 함께 모인 것은 우리 주 예수 그리스도의 능력으로 그러한 자를 사탄에게 넘겨주어 그 육신은 멸망케 하여도 그 영은 주 예수의 날에 구원받게 하려 함이라.
>
> 고전 5:1-5

이 사람을 사탄에게 넘겨주어 그의 육체를 멸망시키는 것은 하나님의 최고의 계획은 아니었습니다. 뿐만 아니라 이 사람이 죄악 가운데 살아가는 것도 하나님의 최고의 계획은 아니었습니다. 만일 그가 스스로를 판단하고 죄를 떠나지 않으면, 그리고 사랑이 이에 대해 무엇인가를 행하지 않으면 이 사람은 결국 지옥에 가 있게 될 것입니다.

그러므로 이 사람을 사탄에게 넘겨주어 육체가 멸망하게 됨으로, 그가 그의 삶에 있는 죄를 심판하고 회개하도록 하는 것이 실제로는 하나님의 자비로운 행위였던 것입니다. 하나님을 알고 있는 사람이 타락한 경우, 그의 몸이 아프기 시작하면 대개는 하나님께로 돌아올 것입니다.

물론 이것은 하나님의 최고의 계획은 아닙니다만 이렇게 함으로 지옥에 가는 것만은 확실히 막아주게 됩니다. 바울은 성령님의 자비하심과 사랑으로 그가 지옥에 가지 않도록 이 사람을 사탄에게 넘겨주었습니다. 이것은 사랑이었지 미움이 아니었습니다.

순종이 사랑의 길입니다

당신에게 네 살 먹은 아들이 있는데, 그가 성냥을 가지고 노는 것을 당신이 보았다고 가상해 봅시다. 당신은 그를 꾸짖고 이렇게 했습니다. "아들아. 그러면 안 된다. 그러다가 집을 불태우고, 너와 다른 사람들까지 죽일 수도 있단다."

당신의 아들은 당신의 주의에도 아랑곳하지 않더니 이삼일 후에 똑같은 짓을 했습니다. 이번에 당신은 그의 엉덩이를 때리고 이렇게 말할 것입니다. "불장난하지 말라고 내가 말했지. 다시는 그런 짓을 해서는 안 된다."

그러나 며칠 지난 후, 이번에는 당신의 아들이 불을 지른 것을 보았습니다. 그래서 이번에는 아주 호되게 때렸습니다. 그제야 당신의 아들은 교훈을 배우고 성냥을 가지고 불장난을 하지 않게 되었습니다.

당신은 아들이 미워서 그렇게 한 것입니까? 물론 아니지요. 당신이 아들을 사랑하고 그의 안녕에 관심이 있기 때문에 그렇게 한 것입니다. 당신은 그를 보호하기 위해서 매를 댄 것입니다.

가끔 목사님들도 회중들 중에 어떤 사람들에게는 이렇게 해야만 합니다. 필요하면 그의 회중들을 고쳐 주는 것이 사랑이며, 그래야 사람들이 그들을 향한 하나님의 뜻을 따라 살 수 있습니다.

나는 어떤 교회를 한 번 맡은 적이 있었습니다. 그 교회에는 질서라고는 없었습니다. 교회의 젊은이들은 구원받지 못한 상태였고 그것은 부모들이 자녀들이 하고 싶은 대로 하게 놓아둔 당연한 결과였습니다. 그들은 내가 설교하는 동안에도 앉은 자리에서 큰 소리로 이야기를 했습니다. 나는 그 교회에 온지 얼마 되지 않았고, 또 큰 소란을 피우고 싶지 않았기 때문에, 나는 서너 달 동안 부드럽게 그들은 타일렀습니다.

나는 그 젊은이들에게 하나님의 집에서는 어떻게 행동을 해야 하는지 계속 말해주었습니다. 내가 교회에 부임한지 5개월이 되었을 때, 몇몇 젊은이들이 얼마나 큰 소리로 말을 했던지 설교를 하려고 애쓰는 동안 그들의 말을 내가 들을 수가 있었습니다. 모든 회중이 예배당 뒤에 앉아 떠들고 있는 그들을 쳐다보고 있었습니다.

그래서 나는 설교를 중간에 그만두고 이렇게 말했습니다. "누군가 이야기를 하고 있습니까?" 회중들 중에 몇 사람이 고개를 끄덕거렸습니다.

"들어 보십시오." 이렇게 말한 다음 나는 그냥 성경을 덮어 버렸습니다. 나는 그들을 난처하게 만들고 싶지는 않았습니다만 그들도 예배 도중에 큰소리로 이야기를 해서는 안 된다는 것 정도는 알아야 했습니다.

나는 계속 이렇게 말했습니다. "여러분들에게 한마디 해야 할 것이 있습니다. 나는 여러분들에게 교회에서 예배시간에 큰 소리로 말하는 것에 대해 거의 네 달 동안 이야기 했습니다. 부모님들이 이제부터 잘 지켜보십시오. 지금 이 순간부터 여러분들의 자녀들 가운데 누구든지 교회에서 큰 소리로 떠들거나 적절하지 못한 행동을 하거나 소란을 피우면 공중 예배에 소란을 피우고 방해한 것으로 체포해서 감옥에 집어넣을 것입니다."

"그것도 사랑입니까?"라고 말할 것입니다. 물론 사랑입니다. 만일 당신도 아이들이 잘못하는 것을 보고도 그냥두면, 그들이 지옥에까지 가게 될 수도 있습니다.

나는 계속해서 말했습니다. "내가 그런 사람들을 체포할 것이고, 당신네 부모들은 그들이 낼 벌금을 내게 될 것입니다." 그때는 대공황시기였기 때문에 벌금을 낼 수 없으면 당시 정부에서 운영하는 농장에서 일을 해서 갚을 수도 있었습니다.

"부모들이 벌금을 내주지 않으면 아이들이 농장에서 일하여 갚도록 할 것입니다."

과거에 그 젊은이들이 그들의 잘못에 대해 위협만 받았지 어떤 조치도 취해진 적이 없었습니다. 왜냐하면 장로님들 중 몇 사람들이 "그래도 우린 사랑으로 실천을 해야 합니다."라고 말했기 때문입니다. 그러나 아이들은 여전히 못된 짓을 계속하고 있었습니다.

나는 예배를 마치고 나서 그 십대들의 부모를 하나씩 만나야 했습니다. 나는 한 사람을 만날 때마다 증인으로서 집사 두 사람과 함께 만났습니다.

"아무개 형제, 내가 개인적으로 할 말이 있어서 왔습니다. 내가 강단에서 한 말을 들었겠지만, 나는 형제와 개인적으로 말을 하고 싶습니다. 형제의 딸들이 앞으로 계속 예배를 방해한다면 체포해서 감옥에 집어넣을 것입니다."

이 형제는 부끄러움에 고개를 떨구더니, 얼굴에 눈물을 흘리면서 고개를 들고는 나를 쳐다보았습니다. "해긴 형제님, 형제님 말이 맞습니다. 여기가 하나님의 집이지요. 나도 애들에게 말도하고 옳은 행동을 하게 하려고 했었지만 나는 어떻게 할 수 없었습니다."

나는 그의 문제가 무엇인지 알았습니다. 그가 두 딸들을 나무라려 하면 그들의 어머니가 집 뒤 창문으로 애들이 피하도록 하여 밖에서 온 밤을 지내도록 하곤 했던 것입니다. 집안에 마찰과 의견의 불일치가 있으면 반드시 문제가 생기게 마련입니다.

그가 말했습니다. "해긴 형제님, 나는 형제님 편입니다. 어서 그 애들을 체포하십시오. 나는 벌금을 내 줄 수 없으니, 그 애들이 정부 농장에 가서 일해서 갚도록 할 것 입니다."

그러고 나서 나는 또 다른 부모에게로 찾아갔습니다. 이 부인의 남편은 아직 구원 받지 못한 사람이었고, 교회에 한 번도 온 적이 없었습니다. 나는 그녀에게 이렇게 말했습니다. "나는 당신 딸이 체포되게 하려고 합니다. 그 애는 교회에서 떠들고 못된 짓을 하는데 있어서 가장 나쁜 애이기 때문입니다."

그녀가 이렇게 말했습니다. "해긴 형제님, 나는 내 딸에게 눈을 떼지 않으려고 애를 쓰고 있습니다. 내가 뒤를 돌아보면 언제나 내 딸은 바르게 행동하고 있었습니다." 나는 이렇게 대답했습니다. "맞습니다. 그러나 나는 강단 위에 있습니다. 당신 딸은 당신을 지켜보고 있습니다. 당신이 고개를 돌려 보려고 하는 순간, 그 애는 바른 자세를 하고 바르게 행동을 합니다." "그렇지만 내가 볼 때마다…" 그녀가 우겼습니다. 나도 이렇게 말했습니다. "자매님은 내가 자매님에게 거짓말을 하고 있다고 생각합니까? 자매님 주위에 앉는 사람들에 물어보십시오. 자매님은 그 아이를 데리고 맨 앞좌석에 함께 앉아야 합니다. 자매님은 아이들을 다 데리고 거기 앉아 있어야 합니다. 다른 애들도 마찬가지지만 그 애가 가장 나쁩니다. 그 애가 한 번 더 잘못하면 나는 그 애를 감옥에 보낼 것입니다. 자매님이 벌금을 낼 수 없다는 것을 나도 알기 때문에, 그 애는 농장에서 일을 해서 벌금을 갚아야 할 것입니다."

당신은 "이런 것이 사랑입니까?"라고 말할 것입니다. 절대로 그렇습니다. 왜냐하면 자녀들을 가르치고 훈련하는 것이 사랑이기 때문입니다. 어린이들이 순종하는 것을 배우지 않으면서, 어떻게 자라서 하나님과 하나님의 말씀에 순종하겠습니까? 자기 부모나 담임목사에게도 순종할 수 없다면, 어떻게 그들의 삶을 위한 하나님의 계획을 성공적으로 따를 수 있겠습니까?

이 부인은 이렇게 대답했습니다. "그렇지만 해긴 형제님, 애들과 함께 앞줄에 앉아서는 내가 예배를 즐길 수가 없다니까요."

"왜 그렇지요?" 내가 물었습니다.

"애들이 항상 떠들고 장난을 치기 때문이지요." 그녀는 자기 자녀들이 교회에서 떠들지 않는다고 방금 내게 말을 했었습니다!

이 여자는 교회에서 성령 안에서 춤을 추곤 하였는데, 다른 교우들에게도 은혜를 끼쳤었습니다. 그러나 나는 그녀에게 이렇게 말해 주었습니다. "만일 자매님이 춤은 그만 추고 당신 자녀들을 더 잘 챙기면, 우리 교회에 더 큰 축복이 되겠습니다."

그날 예배를 마친 후에 아내와 난 잠을 잤는데, 오레타가 누군가 우는 소리를 듣고 잠이 깨었습니다. 아내는 일어나서 창문 밖을 내다보았는데, 이 부인이 교회 앞 계단에 앉아 새벽 2시에 큰 소리로 울면서 고함을 치고 있는 것이었습니다.

내 아내가 말했습니다. "내가 나가서 좀 봐야겠어요."

내가 말했습니다. "나가지 마세요. 지금 당신이 나가면 모든 것을 망치게 돼요. 그녀는 우리의 동정심을 얻으려고 하고 있어요. 그녀는 우리가 말한 것을 취소할 것이라고 생각하고 있어요. 그녀는 만일 자녀들과 함께 앉아 아이들을 조용하게 하는 것이 교회에 더 큰 축복이 될 것이라고 한 말 때문에 자기 연민을 느끼고 있는 거예요."

나는 또 다른 가족과도 이야기를 했습니다. 그 남편은 예배당 안에 들어와 본 적이 없는 사람이었습니다. 그는 언제나 밖에 있었습니다. 아내는 구원을 받고 성령 충만 받았고, 두 딸을 데리고 교회에 나왔습니다.

나는 그 남편과 이야기하려고 밖으로 나갔습니다. 나는 집사님 두 명을 데리고 갔었는데, 그에게 가서 이렇게 말했습니다. "아무개 선생님, 선생님께 할 말이 있어 왔습니다. 만일 선생님의 십대 아이들이 행동을 바로하지 않으면 공적 예배를 방해하는 죄로 체포를 하려고 합니다."

그가 말했습니다. "좋소, 한 가지 말해두지. 당신과 이 집사들이 언제까지나 이 교회 땅을 밟고 살지는 못할 것이요." 그는 나를 협박하고 있었습니다. 그래서 나는 그 앞으로 코와 코가 맞닿도록 바싹 다가섰습니다. 나는 138파운드의 거구였습니다. 나는 이렇게 말했습니다. "당신도 한 가지는 확실히 하십시오! 나는 아무도 무섭지 않고 아무것도 부끄러워하지 않습니다."

내가 말을 마치자 그는 고개를 푹 떨구더니 전혀 다른 어조로 이렇게 말하기 시작했습니다. "목사님 말이 맞는 말입니다. 그렇지만 우리 애들만 그런 게 아니잖습니까?"

"물론 그 아이들만 그런 것은 아니지만, 애들이 거의 가장 나쁜 상태입니다. 애들은 모두 바른 행동을 하게 될 것입니다."

이 일이 있은 후 6주 안에 이 아이들이 모두 구원을 받고 성령 충만을 받았다는 사실을 아십니까?

무슨 일이 일어났을까요? 사랑이 그들을 사로잡은 것입니다. 우리가 그 아이들이 계속 잘못을 저지르도록 그냥 내버려 둘 수도 있었겠지만, 그러면 아마도 그들 중 한 사람도 구원 받지 못했을지도 모릅니다. 그러나 그들이 조용히 하고 성경 말씀에 귀를 기울이게 되었기 때문에, 우리는 그들이 강단에 나와서 하나님을 찾을 수 있게 만들었습니다.

때로는 확실한 입장을 취할 필요가 있기 때문에, 필요한 때에 확실한 입장을 취하지 않는 것은 사랑이 아닙니다.

나는 사람들이 자기 자녀들에 관해 이렇게 말하는 것을 들었습니다. "우리가 아이들을 구원하려면 우리는 아이들을 사랑하며 살아야 합니다. 그러므로 그 애들이 좋아하는 대로 하도록 내버려 두어야 합니다."

그렇지 않습니다! 어린 아이가 성냥을 가지고 놀도록 허락하는 것이 사랑이 아닌 것과 마찬가지로 그것은 사랑이 아닙니다! 불장난을 하다가는 자신도 불에 타 죽을 수 있습니다. 사랑은 그런 짓을 못하게 하고 바른 길을 가게 하는 것입니다.

자녀들아, 주 안에서 너희 부모에게 순종하라. 이것이 옳으니라. 네 아버지와 어머니를 공경하라(이것이 약속 있는 첫째 계명이니). 이는 네가 잘 되고 또 땅에서 장수하게 하려 함이니라. 엡 6:1-3

나는 나의 자녀들을 심하게 때린 적이 없습니다. 그렇지만 아이들의 엉덩이를 때릴 경우에는, 반드시 먼저 성경을 아이들에게 읽어주었습니다. 나는 에베소서 6장 1절부터 3절까지를 읽어주었습니다. 나는 자녀들이 순종하도록 훈련해서, 그들이 자신들의 삶 가운데 하나님의 부르심을 이루며 하나님의 계획과 목적을 성공적으로 따라 살 수 있도록 했습니다.

나는 자녀들에게 이렇게 말하곤 했습니다. "너희들 잘 되고 싶지? 몸이 아프면 좋은 날이 아니지. 이 땅에서 오래 살고 싶지 않니?" 아이들은 "오래 살고 싶어요."라고 말하곤 했습니다. "그러면 내가 너희 엉덩이를 때려야만 되겠구나. 내가 너희들을 때리고 싶어서 때리는 것이 아니란다. 나는 너희들에게 가장 좋은 유익을 주려는 마음에서 너희들을 때리는 것이란다."

나는 켄이 여섯 살쯤 되었을 때 일을 기억하고 있습니다. 어느 날 아침 내가 아들에게 말했습니다. "아들아, 아침 먹은 후에 쓰레기통을 좀 비워다오."

그날 밤, 온 가족이 말씀을 함께 읽고 같이 기도한 후에 내가 말씀을 연구하고 있는 중인데 켄이 내게 말했습니다. "아빠, 아빠에게 할 말이 있어요." 그는 울면서 이렇게 말했습니다. "아빠, 아프지 않고 오래 사는 것과 자녀들이 부모에게 순종하는 것에 관해 말하고 있는 성경구절을 찾아 읽어주세요."

그래서 나는 그 구절을 찾아 읽어 주었습니다. 그러자 아들은 더 크게 울기 시작하면서 이렇게 말했습니다. "오늘 아침에 아빠가 내게 말 한대로 쓰레기통을 비우지 않았어요. 잘못했어요."

나는 아들이 비운 줄로 알고 있었는데, 엄마가 비웠던 것입니다. 나는 쓰레기통이 빈 것을 보았기 때문에 아들이 비운 것으로 짐작을 했었습니다.

그러나 켄은 이렇게 말했습니다. "아빠가 나에게 쓰레기통을 비우라고 하셨는데, 나는 비우지 않았어요. 아빠가 나를 용서해 주세요." 사실 아들은 "내 궁둥이를 때려주세요"라고 말했습니다.

나는 이렇게 말했습니다. "아니야, 아빠는 너를 때리지 않겠어. 나는 네가 쓰레기통을 비우지 않으면 너를 때리겠다고 말하지 않았다. 나는 그냥 네게 쓰레기통을 비우라고만 말했다. 나는 너를 때리지 않겠다. 아들아 난 너를 용서한다. 그렇지만 우리 무릎을 꿇고 주님께 너를 용서해 달라고 기도하자." 우리는 용서를 구했고 하나님은 내 아들을 용서해 주셨습니다.

하나님은 당신이 하나님께서 예비한 가장 좋은 것을 가지기를 바라십니다

이와 같이 하나님께서도 중심에 우리에게 가장 좋은 것만을 생각하고 계십니다. 하나님께서도 당신이 계속 잘못을 저지르면서 자신을 살피지 않으면, 당신에 대하여 때로는 하나님의 입장을 확실히 취하실 것입니다. 당신이 죄와 잘못 가운데 살아간다면 당신의 삶 가운데 하나님의 인도하심을 당신이 따를 수 없게 되리라는 것을 하나님은 알고 계십니다.

그러나 성경은 이렇게 말씀하고 있습니다. "우리가 스스로 살피면, 심판은 받지 않을 것입니다"(고전 11:31).

'치유의 목소리The Voice of healing'라는 잡지가 발행되고 있던 때에, 가장 큰 군중들 앞에서 설교하며 가장 큰 천막을 가지고 있던 35세쯤 된 한 목사님 생각이 납니다. 하나님께서 내게 이렇게 말씀하셨습니다. "그가 스스로 살피지 않으면 얼마 오래 살지 못하게 될 것이라고 내가 말했다고 말해주거라. 그가 자신을 살펴야 할 첫 번째 문제는 그가 동료 목회자들을 사랑하며 살지 않고 있는 것이다."

하나님께서 내게 그 말씀을 하신 뒤, 한 3년 후에 그는 자신을 살피지 않았기 때문에 죽었습니다. 하나님의 병 고침의 역사가 오늘날 우리를 위한 것은 아니란 의미입니까? 아닙니다. 하나님의 병 고치는 역사는 과거와 똑같이 지금도 여전합니다. 제 말은, 옛 언약 아래에서 한 이스라엘 사람이 죄로 인하여 일찍 죽었다면, 하나님께서 그들과 병 고침의 언약을 맺은 사실이 폐지되었기 때문이라는 말입니까? 아닙니다!

새 언약 아래에서 어떤 사람이 일찍 죽었다 해도, 병 고침이 오늘날 우리에게 해당이 없다는 것을 의미하지는 않는 것입니다. 사랑이 모든 사람을 위한 것인 것처럼 병 고침 받는 것도 모든 사람들을 위한 것입니다. 하나님께서는 그의 백성들이 땅 위에서 건강하게 오래 살기를 원하십니다. 하나님은 사랑이며 그분은 사람을 차별하지 않으십니다. 하나님은 우리 모두가 사랑 가운데 행하면서, 하나님의 완전한 계획을 따라 살며, 새 언약의 축복 속에 살 수 있기를 바라십니다.

그 젊은 목사는 자신을 살피지 않았기 때문에 하나님께서 그렇게 하셔야만 했습니다. 하나님은 주 예수의 날에 그의 영이 구원받도록, 그의 육체를 멸하도록 그를 사탄에게 내어 주었습니다.

물론 이것이 하나님의 최고의 계획은 아니지만, 지옥 가는 것보다는 확실히 좋은 것입니다.

사람들은 사랑의 길이 가장 좋은 길이며, 하나님을 사랑하고 그들의 삶을 위한 하나님의 계획과 하나님의 말씀에 순종하는 것은 유익이 된다는 것을 배울 필요가 있습니다.

'자신을 살피라judge yourself'는 말이 무슨 뜻입니까? 예를 들어, 당신이 잘못했다면 주님께 이렇게 말하십시오. "하나님, 그 상황에서 나는 사랑으로 행하지 않았습니다. 나를 용서해 주십시오." 그럴 필요가 있으면, 당신이 죄를 지은 그 사람에게 당신을 용서해 달라고 부탁하십시오. 그리고 다시 사랑하십시오.

그러나 당신이 잘못을 계속하면서 스스로를 살피지 않는다면, 조만간 하나님이 당신을 심판하실 것입니다.

당신이 사랑하며 산다면 당신은 자신의 삶을 위한 하나님의 완전한 계획 가운데로 걸어갈 수 있습니다. 만일 당신이 사랑 가운데 행하며 살아오지 않았다면, 지체하지 말고 회개하고 사랑의 삶으로 돌아가십시오.

오늘부터 하나님께 순종하며 사랑하면서 살아가기 시작하십시오. 사랑의 길이 가장 좋은 길이기 때문에, 그 보상은 엄청날 것입니다!

당신의 삶을 향한 하나님의 계획을 따라 가는 것은 어려운 것이 아닙니다. 하나님은 당신이 원하는 것보다 더 당신이 성공하기를 원하십니다. 그러므로 마음을 다하며, 자신을 바쳐 하나님의 말씀에 순종하고, 당신의 삶 가운데 하나님의 인도를 따르십시오. 하나님의 말씀과 하나님께 순종하고, 사랑 가운데 행하면서, 당신의 가장 좋은 것을 하나님께 드리면, 당신은 하나님이 가지신 가장 좋은 것을 주장할 수 있으며, 이 생에서 하나님의 축복 가운데 살 수 있을 것입니다.

하나님은 모든 신자들 각자가 자신의 영적인 경주를 달려서 인생의 코스를 기쁨으로 완주하기를 원하십니다. 당신은 당신의 삶을 위한 하나님의 계획과 목적을 성공적으로 따라가며 성취할 수 있습니다.

믿음의말씀사 출판물

구입문의 : 031-8005-5483   http://faithbook.kr

■ 케네스 해긴의 「믿음 도서관」 책들
- 새로운 탄생
- 재정 분야의 순종
- 나는 지옥에 갔다 왔습니다
- 하나님의 처방약
- 더 좋은 언약
- 예수의 보배로운 피
- 하나님을 탓하지 마십시오
- 네 주장을 변론하라
- 셀 모임에서 성령인도 받기
- 안수
- 치유를 유지하는 법
- 사랑은 결코 실패하지 않습니다
- 하나님께서 내게 가르쳐 주신 형통의 계시
- 왜 능력 아래 쓰러지는가?
- 다가오는 회복
- 잊어버리는 법을 배우기
- 위대한 세 단어
- 하나님의 은사와 부르심
- 그 이름은 "놀라우신 분"
- 우리에게 속한 것을 알기
- 성령을 받는 성경적인 방법
- 하나님의 영광
- 은혜 안에서의 성장을 방해하는 다섯 가지
- 사랑 가운데 걷는 법
- 바울의 계시: 화해의 복음
- 당신은 당신이 말하는 것을 가질 수 있습니다
- 그리스도 안에서
- 말
- 방언기도의 능력을 풀어 놓으라
- 옳은 사고방식 틀린 사고방식
- 속량 – 가난, 질병, 영적 죽음에서 값 주고 되사다
- 네 염려를 주께 맡겨라
- 예언을 분별하는 일곱 단계
- 절망적인 상황을 반전시키기
- 당신의 믿음을 풀어 놓는 법
- 진짜 믿음
- 믿음이란 무엇인가
- 그리스도께서 지금 하고 계시는 일
- 충분하고도 넘치는 하나님 엘 샤다이
- 금식에 관한 상식
- 하나님의 말씀 : 모든 것을 고치는 치료제
- 가족을 섬기는 법
- 조에
- 당신이 알아야 하는 신유에 관한 일곱 가지 원리
- 여성에 관한 질문들
- 인간의 세 가지 본성
- 몸의 치유와 속죄
- 크게 성장하는 믿음
- 하나님 가족의 특권
- 기도의 기술
- 나는 환상을 믿습니다
- 병을 고치는 하나님의 말씀
- 영적 성장
- 신선한 기름부음
- 믿음이 흔들리고 패배한 것 같을 때 승리를 얻는 법
- 믿음의 선한 싸움을 싸우는 법
- 하나님의 계획과 목적과 추구
- 예수 열린 문
- 믿음의 계단
- 당신을 향한 하나님의 계획
- 역사하는 기도
- 기름부음의 이해
- 내주하시는 성령 임하시는 성령
- 재정적인 번영에 대한 성경적 열쇠들
- 어떻게 하나님의 영으로 인도받을 수 있는가?
- 마이더스 터치
- 치유의 기름부음
- 그리스도의 선물
- 방언
- 믿는 자의 권세(생애기념판)
- 믿음의 양식
- 승리하는 교회

■ E. W. 케년
- 십자가에서 보좌까지 무슨 일이 일어났는가?
- 두 가지 의
- 놀라우신 그 이름 예수
- 하나님 아버지와 그분의 가족
- 나의 신분증
- 두 가지 생명
- 새로운 종류의 사랑
- 그분의 임재 안에서
- 속량의 관점에서 본 성경
- 두 가지 지식
- 피의 언약
- 숨은 사람
- 두 가지 믿음
- 새로운 피조물의 실재

■ 스미스 위글스워스
- 스미스 위글스워스의 천국
- 스미스 위글스워스의 매일묵상
- 위글스워스는 이렇게 했다
- 스미스 위글스워스의 능력의 비밀

■ T. L. 오스본
- 행동하는 신자들
- 기적 – 하나님 사랑의 증거
- 새롭게 시작하는 기적 인생
- 좋은 인생
- 성경적인 치유
- 능력으로 역사하는 메시지
- 100개의 신유 진리
- 24 기도 원리 7 기도 우선순위
- 하나님의 큰 그림
- 긍정적 욕망의 힘
- 당신은 하나님의 최고의 작품입니다

■ 잔 오스틴
- 믿음의 말씀 고백기도집
- 하나님의 사랑의 흐름
- 견고한 진 무너뜨리기
- 초자연적인 흐름을 따르는 법
- 당신의 운명을 바꿀 수 있습니다
- 어떻게 하나님의 능력을 풀어놓을 수 있는가?

■ 크리스 오야킬로메
- 여기서 머물지 말라
- 이제 당신이 거듭났으니
- 당신의 인생을 재창조하라
- 이 마차에 함께 타라
- 그리스도 안에 있는 당신의 권리
- 성령님과 당신
- 성령님이 당신 안에서 행하실 일곱 가지
- 성령님이 당신을 위해 행하실 일곱 가지
- 기적을 받고 유지하는 법
- 하나님께서 당신을 방문하실 때
- 올바른 방식으로 기도하기
- 당신의 믿음을 역사하게 하는 법
- 끝없이 샘솟는 기쁨
- 기름과 겉옷
- 약속의 땅
- 하나님의 일곱 영
- 예언
- 시온의 문
- 하늘에서 온 치유
- 효과적으로 기도하는 법
- 어떤 질병도 없이
- 주제별 말씀의 실재
- 마음의 능력

■ 앤드류 워맥
- 당신은 이미 가졌습니다
- 은혜와 믿음의 균형 안에 사는 삶
- 하나님의 참 본성
- 하나님은 당신이 건강하기 원하십니다
- 영·혼·몸
- 전쟁은 끝났습니다
- 믿는 자의 권세
- 새로운 당신과 성령님
- 노력 없이 오는 변화

- 하나님의 충만함 안에 거하는 열쇠
- 더 좋은 기도 방법 한 가지
- 재정의 청지기 직분
- 하나님을 제한하지 마라
- 하나님의 뜻을 발견하고 따라가며 성취하라
- 하나님의 참 본성
- 하나님의 최선 안에 사는 법
- 리더십의 10가지 핵심요소

■ 기타「믿음의 말씀」설교자들
- 성령의 삶 능력의 삶
- 복을 취하는 법
- 주는 자에게 복이 되는 선물
- 믿음으로 사는 삶
- 붉은 줄의 기적
- 당신이 말한 대로 얻게 됩니다
- 예수–치유의 길 건강의 능력
- 성령 안의 내 능력
- 존 G. 레이크의 치유
- 믿음과 고백
- 임재 중심 교회
- 성령충만한 그리스도인의 지침서
- 열정과 끈기
- 제자 만들기
- 어떻게 교회를 배가하는가
- 운명
- 모든 사람을 위한 치유
- 회복된 통치권
- 그렇지 않습니다
- 당신의 자녀를 리더로 훈련하라
- 오순절 운동을 일으킨 하나님의 바람
- 주일 예배를 넘어서
- 신약교회를 찾아서
- 내가 올 때까지
- 매일의 불씨
- 여성의 건강한 자아상

■ 김진호·최순애
- 왕과 제사장
- 새로운 피조물의 실재
- 믿음의 반석
- 새 언약의 기도
- 새로운 피조물 고백기도집(한글판/한영대조판)
- 성령 인도
- 복음의 신조
- 존중하는 삶
- 성경의 세 가지 접근
- 말씀 묵상과 고백
- 그리스도의 교리
- 영혼 구원
- 새로운 피조물
- 믿음의 말씀 운동의 뿌리
- 1인 기업가 마인드
- 내 양을 치라
- 새사람을 입으라